20世纪中国教育家画传

主编：储朝晖

YAN YANGCHU HUAZHUAN

# 晏阳初画传

宋恩荣　杨华军　著

四川教育出版社

本书的编写得到四川省晏阳初研究会的支持

图书在版编目(CIP)数据

晏阳初画传 / 宋恩荣，杨华军著. 一成都：四川教育出版社，2011.12
(20世纪中国教育家画传 / 储朝晖主编)
ISBN 978-7-5408-5624-3

Ⅰ.①晏… Ⅱ.①宋… ②杨… Ⅲ.①晏阳初(1890～1990)–传记–画册
Ⅳ.①K825.46-64

中国版本图书馆CIP数据核字(2011)第212147号

| | |
|---|---|
| 责任编辑 | 郑晓韵　赵　文 |
| 封面设计 | 何一兵 |
| 版式设计 | 王　凌　张　涛 |
| 责任校对 | 严道丽 |
| 责任印制 | 田东洋 |
| 出版发行 | 四川教育出版社 |
| | 地　　址　四川省成都市锦江区三色路266号 |
| | 邮政编码　610023 |
| | 网　　址　www.chuanjiaoshe.com |
| 印　　刷 | 北京市兆成印刷有限责任公司 |
| 制　　作 | 成都完美科技有限责任公司 |
| 版　　次 | 2012年5月第1版 |
| 印　　次 | 2022年4月第4次印刷 |
| 成品规格 | 170mm×230mm |
| 印　　张 | 16.5 |
| 书　　号 | ISBN 978-7-5408-5624-3 |
| 定　　价 | 48.00元 |

如发现印装质量问题，请与本社调换。电话：(028)86259359
营销电话：15208205647　　　　邮购电话：(028)86259605
编辑部电话：15884467278

# 总　序

顾明远

2007年3月5日，温家宝总理在第十届全国人大第五次会议的《政府工作报告》中郑重宣布：要提倡教育家办学。这个问题的提出显示出中国急需教育家却又缺少教育家。《国家中长期教育改革和发展规划纲要（2010~2020年）》更明确提出："造就一批教育家，倡导教育家办学。"

然而，现今即使是专门从事教育工作的人，对怎样才是真正的教育家却也没有清晰的认识。为解决这一问题，中央教育科学研究所研究员储朝晖与时任四川教育出版社社长安庆国在编写一套《20世纪中国教育家画传》丛书的想法上不谋而合，这对传承、传播中国20世纪教育家的办学理念，弘扬其教育精神和优秀思想，促进教育家办学的早日全面实现十分有益，也十分必要。

这套丛书所选择的十位传主是经过教育史专业的学者海选而产生的，他们是王国维、蔡元培、陶行知、张伯苓、胡适、梅贻琦、黄炎培、徐特立、陈鹤琴、晏阳初，我认为他们确实代表了20世纪对中国教育有巨大影响的教育家群体。

这套丛书突出传主的教育思想、办学理念、办学实践，尤其凸显传主的教育家精神；强调以史料为依据，对传主的教育贡献作客观评价，实事求是，还原历史，避免主观，不做有意拔高；全书插入大量珍贵历史图片，以图文并茂的方式呈现历史画卷，使得丛书具有了较高的学术价值、收藏价值以及观赏性和可读性。同时，丛书主编精心挑选各位传主研究方面的专家担任各分册作者，较好地保证了整套丛书的编写深度和质量。其中黄延复研究梅贻琦、宋恩荣研究晏阳初、梁吉生研究张伯苓、戴永增研究徐特立、金林祥研究蔡元培、储朝晖研究陶行知都有二十多年了。我与储朝晖第一次见面是在1988年，他拿着一封方明的信来找我，正是为了查阅北京师范大学图书馆特藏部的陶行知研究资料。北京大学图书馆研究馆员邹新明研究胡适、西南大学教授谢长法研究黄炎培、陈鹤琴外孙柯小卫研究陈鹤琴、华东师范大学徐旭晟博士研究王国维，他们也都是长期从事相关研究的专家学者，堪称黄金组合。这套书将有助于读者更好地领会各位教育家的精神真谛。

希望这样一套难得的好书，能激励有志教育的人成为教育家，切实有效地推动中国的教育家办学进程。

# “误教”与“无教”

## ——在湖南衡山乡村师范学校的演讲

## （1936年10月17日）

晏阳初

我国人口占世界五分之一，有几千年悠久的历史，数千万平方里的土地，现在受人侵略，无法抵抗，人家的飞机大炮，如入无人之境，这是怎么一回事呢！华北紧急，全国动摇了。你们是有血气有思想的青年，试想一想，中国为什么到如此田地？我以为根本的原因是“误教”与“无教”。

何谓“误教”与“无教”呢？中国现在受教育的人很少，而所受的教育，又多是不切实用的。所以有“教育误人”、“教育杀人”的这种说法，这就是“误教”的意思。四万万人口中有80%没有受过教育，这就叫做“无教”。中国数千年来的旧教育，现在已经整个的推翻了，可是新教育尚未产生。现在所谓“新教育”，并不是新的产物，实在是从东西洋抄袭来的东西。日本留学生回来办日本的教育，英美留学生回来办英美的教育。试问中国人在中国办外国教育，还有什么意义？各国教育，有各国的制度和精神，各有它的空间性与时间性，万不能乱七八糟地拿来借用。现在的学生是在学日、学美、学英，弄得一塌糊涂。学非所用，用非所学，所以许多大学生都在失业，而国家复闹人才缺乏的恐慌。人找不着事，事找不着人，这是充分去模仿外国的结果，整个教育因此破产。

中国人办教育不知道中国的情形，随便把外洋的东西搬进来。好像一个人害病，不问他的病源，任意给他吃药，一定要弄坏的。所以教育办了几十年，对于中国本身没有发生什么好的影响。你若去问一个统计学家，中国现在有多少人口，他一定回答说大约是四万万罢！有的说三万万五千万，有的又说四万万五千万，其间差了这样大的一个数目，全没有确实的调查。譬如人家问你家里有几口人，你都不能回答，这岂不是一件最耻辱的事。中国人不知道日本的事、不知道苏俄的事，犹情有可原；中国人而不知道中国的事，这真是罪无可恕了。中国现在的金矿有多少，煤矿铁矿有多少，耕地有多少，森林有多少，有人知道吗？但是日本人会知道，美国人也会知道，说起来是如何的痛心啊！为教育而教育，为学校而学校，学生毕了业，就不管他失业不失业了。甲校如是，乙校亦如是。大家不知道为什么去办学校，不明了社会上的问题，去根据问题而定方针。只晓得照样画葫芦，人家怎样做，我们就怎样做。甚至有人为饭碗而办学校，这更是不堪闻问了。

中国人的大毛病，是说而不干。你看有好多人只管在那里说，“教育误人”、“教育杀人”，闹得声彻云霄，而无人实地去改造，更有谁能认真吃苦，到乡村去！大家具一种得过且过的心理，以为别人不去，我何必去呢？得过且过，已经过了四千多年。须知时至今日，已不是“得过且过”的时期，乃是求得过亦不能得过的时候了。我们敌人的枪口，一天一天向我们迫近，我们怎么还不觉悟，还是偷闲躲懒，不肯去干。我们常见有人写文章，骂教育，结果还是空论一场。我们怎样说就要怎样做，要怎样做，就要先认识中国情形，认识社会情形，就要亲身到社会里去体验。

中国教育堕落到这种地步，如何得了？所幸误教尚少，假如误教普及了的话，那只有坐以待毙。现在还有80%的“无教”者，正待我们去普教，故中国前途尚有可为。我们不应当再拿外国教育去教他们，要创造一种中国教育，要用中国药来医治中国病，且要看清病源然后再去下药。

今后新教育的途径是：不要再模仿别人，要自尊自信，自己创造。外国的科学我们要学，外国的教育，自有他们的背景，我们如何能够毫无目的地盲目抄袭呢？

个人的行动，也是随时代而变迁的，现在你若仍不出户门，坐在家里读书，那是不成功的。中国人最低限度要明了中国的情形。想明了中国的情形，不是要去调查南京、上海、天津、北平这样的大都市，是要深入农村。因为中国四万万人不是完全住在都市，有80%以上的人口住在农村。从前说“秀才不出门，能知天下事”，读书人自作聪明，所以演成了现在的状况。“闭门造车”、“纸上谈兵”的空计划，绝对不可靠。明了事实，才能发现问题，发现了问题的因果，才能计划改造的方案。

要想知道民间实况和疾苦，没有数字作根据，便不知从何处下手，所以要有调查统计的工作。现在说到诸位同学来到这里预备将来去做建设农村，复兴民族的工作，各位要知道教育的基本不在大学和专门学校，是在小学。比如建筑房屋，没有坚固的基础，就不能筑成一座崇楼高阁。没有好的小学，又从哪里去得到好的大学生和专门学生？小学的目的是为教育这广大的民众的，所以很重要。留学生从外国回来，他们心目中成了一个做大事、做大官的观念，谁还顾及得到小学教育。所以有人说中国人忘本，本就是基础。我们把基础教育称做小学教育，所以人人以为它小，便不愿去干。孙中山先生曾经说，中国人与西洋人不同的地方从很小的事情上，就可以看得出来。譬如建筑房子，外国人行奠基礼的时候，非常隆重；中国人却要到上梁的时候，才大行庆贺。从这一点就可以看出中国人只重外表，不重基础。

“师范教育”这个名词倒是很好的。师范二字的意义，是说既可为师，又能做范。有许多做先生的不见得就能够做人的模范；能够做人模范的却都可以做人的先生，希望你们能够做人的先生又能做人的模范，真正负起乡村师范教育的使命来。去教育那广大的平民与农村中的大多数的儿童，这种责任是何等的重大！

我们能够去教育那么大的民众，“无教”也就要变成“有教”了。但是我们怎样去教他们？这却是一个重大的问题。中国社会需要什么，我们就应当去教他们什么。要明白现在已经是20世纪了，不是“日出而作，日入而息”的时代了。现在是飞机、大炮、毒瓦斯的时代了！我们要做一个“现代人”，一方面要不忘本，换句话说，就是不要忘记我们是中国人，一方面要应用欧美的科学，要有驾驭自然的本领，一扫从前那种靠天吃饭、信赖命运的行为，换上一副创造新天地的气魄，这才能有办法。不然，你就不配在这20世纪生存。

但是怎样才能使你做一个现代的人呢？唯一的办法，就是“吃苦”两个字。你能吃苦，一切都能如你的愿。我国有句俗语：“吃得苦中苦，方为人上人。”这句话确含有真理。美国有句话说：“总统出自茅庐。”我希望你们努力吃苦，在教师指导之下，去苦干，去造就自己，把自己造就成一个民族的仆人、大众的仆人！

衡山省立乡村师范在湖南是很重要的一个乡村师范学校，今后基础教育的奠定，全在各位的身上，所以希望你们能够去吃苦。德国之所以能有今日，虽在他精强的兵力，但是，根本的原因，是在师范教育办得好。就是我国现在各处实验县的中心工作，也是在普及平民教育，造就干部人才；而干部人才，又多半是出自乡村师范的，因为乡村师范的学生都是有志改进乡村的。村政弄好了，县政当然也要随之而好。省政、国政，自然整个就会上了轨道。这样方能安邦强国抵御外侮，这样我们方能生存于20世纪！

最后我希望各位的有两点：（1）对于学问的追求：学问的重要，是人人都知道的，无论做什么事，都非有学问不可。别的且莫讲，就以你们本身而言，你们为了要改造社会，建设乡村，就得认识社会的整个面目，至少也要知道湖南衡山这一个小圈子，一方面还得明白些做人的道理，多有些常识才行。（2）对于人格的修养：中国能通中西古今、有学问的人也不少，可是他们的学问尽管好，若是没有人格，恐怕他们的学问越好，他越能够卖国。有许多什么日本通、美国通、苏俄通……根本就通错了，这是什么缘故呢？缘故是没有人格的修养。所以我觉得学问还在其次，人格却最要紧，我们要有“富贵不能淫，贫贱不能移，威武不能屈”的操守！

各位同学，国难已到这样不可收拾的地步，我们若再不努力，就只有灭亡一途。国家亡了，就是要爱国也无国可爱，到那时可就悔之晚矣。希望各位同学永远不要忘记我今天所讲的话。

# 目录 Contents

# 目录 Contents

# 目录 Contents

# 一　故国重归路

1985年，晏阳初在北京与原中国乡村建设学院校友合影。

# 这一等，就是三十五年

1985年的9月，北京又迎来了一年四季中最美好的时光。溽暑方消，金秋骤至，天高云淡，清风送爽。从酷暑中刚刚解脱出来的人们，显得格外轻松惬意。

9月13日这一天，对于原中国乡村建设学院的师生们，是一个不平常的日子。他们陆续从全国各地赶来，此刻正聚集在首都机场候机楼内的卫星厅内。35年前，当年的学生还是风华正茂的青年，现在却都已年届花甲；当年的教师，现在更进入耄耋之年，满头银发。他们在等待着，等待着老院长晏阳初先生的到来。在欢迎的人群中，还有晏阳初先生留居国内的儿孙们。特别引人注目的是，还有全国人民代表大会常务委员会与国务院侨务办公室的负责人。这是一次不平常的迎接。

当从马尼拉飞来的乘客即将走尽的时候，一位中等身材、满头银发、面色清癯的老人，在随行人员的陪同下，从通道里款款走来。他就是95岁的晏阳初。欢迎的亲友簇拥过来，献上鲜花。晏阳初激动地说："我天天想你们，想祖国，今天我终于回来了，踏上阔别三十多年的祖国的土地！"在场的每一个人都十分激动。

# 形势如此

晏阳初先生的故国重归路，经历了一个漫长而艰难的历程。他没有料到35年前，因公务赴美考察，竟一去而无法返回自己的祖国。竟然是在35年之后，才得以以一个美籍华人学者的身份，回到朝思暮想的祖国，考察、探亲。

1985年，定县乡亲欢迎晏阳初回乡访问。

1985年，晏阳初回国访问时与原中国乡村建设学院校友合影。

35年来，魂牵梦萦。老人无时无刻不在怀念着祖国的山山水水、亲人故知。这块土地，埋葬着他父母亲的慈骨，也珍藏着他童年温馨的记忆；这块土地，有他曾经付出了大半生心血、隐忍坚持的事业；这块土地，有与他共同奋斗、志同道合的同事朋友。

泪眼婆娑，记忆回到那个多事之秋。人生的悲剧往往在于个人的意志行为与时代命运之间的冲突。人的选择有时候是迫不得已，事后看来可能正确，也可能错误，因为上帝造人的时候没有给人以预知未来的能力。社会心理学告诉我们，社会判断一个人应该有什么样的行为，往往根据他的社会身份；个人决定自己应该有什么行为，往往根据自己的性格和所处的社会大环境。两相取舍，难怪有历史学人发出“形势比人强”的感慨。个人在新旧政权更迭的大环境中，宛如一只在海啸中飘摇的小船。海啸平息之后，人在何方，又哪里是船中之人所能预知的呢？日本“3·11”大地震和在大海啸中迷失方向的人，又何尝不想回到岸上？

晏阳初的社会身份，让新社会的主流对他产生了些许误解。风浪平息之后，无法骤然回国也是事出有因。他的社会身份既然是教师，那他就不应该激进。“夫子之道”，就要“一以贯之”，所以他也不激进。晏阳初本人的性格中正平和，谦谦君子对任何人或事物能都隐忍而无恶语。然而，他长期受西方科学主义的熏陶，虽然不激进，但也不保守。对于这样一个社会名流，中国政权更迭的历史告诉我们，新政权不会、至少不会长期把他作为自己的对立面。所以，与西方革命历史不同，新政权仅仅是对他声讨和批判而已，对大多数中华平民教育促进会同人和中国乡村建设学院师生也都仅仅是遣散而已。西方的情况是怎么样呢？莎士比亚在《亨利六世》中，借狄克之口，说出了革命的必经之路：“第一件该做的事，是把所有的律师全都杀光。”莎士比亚此处借律师指代保守的力量。

两相比较，晏阳初先生算是幸运的了。事后来看，他的回国又是必然，他的个人遭遇也算是不幸中的万幸。毕竟，他很长寿——活了100岁，等到了回国的那一天。

## 历尽万难心不悔

鲁迅在《题三义塔》中曾经有一句名言：“度尽劫波兄弟在，相逢一笑泯恩仇。”尽管有亲人与故友的种种不幸，但随着年龄的增长，时间的推移，晏阳初的思乡之情与日俱增，再加上他本身是一个相忍为国的学者书生，哪有那么多闲气好生。他美国寓居期间，除了努力坚持为平民做事、关注新闻媒体中有关祖国的消息外，每当“漏断人初静”之时，他常常站在窗前，望着异国的月亮，情不自禁地吟唱着关于月亮的诗句。

在中国，吟月是怀乡的体现。月亮为文人墨客提供了怀乡的氛围。吟月者，多为游子。李白《静夜思》之广为流传，多半与知识分子宦游而漂泊异乡有关。与李白这种有家不回、空自吟唱不同，那些多年寓居海外的华侨华人的境况，则是有家不能回、对月说故乡，更增一分寂寞与无奈。1977年，当西方人快乐地过着西方人的平安夜时，一位中国老人——彭邦桢途经纽约长岛，在热闹中领受着寂寥，写下了著名的《月之故乡》。末了，他说："看月亮，思故乡，一个在水里，一个在天上。"天各一方的无奈油然纸上。

同是旅美人，同居纽约城。华人思乡，思在心上，念在口中央。时常往来，更加思乡。晏阳初说："尽管我是四海为家，有时午夜梦回，难免乡思万缕……尽管这三十多年来，我常用的是英语，偶用母语，乡音未改。记忆中的故乡，随着我环绕天涯。"[1]

晏阳初与家人欢聚一堂，共庆90大寿。

[1] 宋恩荣主编：《晏阳初全集》（第2卷），湖南教育出版社1992年版，第493页。

老一辈人的思乡心肠，老一辈人的回归愿望，又岂是些许短暂的浮云所能遮挡。伤痛只有用时间来化解。他支持当时正在美国读书的长子晏振东与次子晏新民回国参加新中国的建设。他不时寄信给国内的孩子们，鼓励他们学好技术，提高业务能力，好好报效国家。虽然他们回国是报效了祖国，但也没能幸免于当时连绵不绝的政治运动。审查、批判，自然是少不了的。虽然子女们从事的是与政治不太相关的工作，比如石油勘探、音乐教育和体育等，晏阳初的长子晏振东还是被下放到江西改造，二子晏新民还是被划成右派，三子晏福民同样在劫难逃。1949年，中国乡村建设学院临时院长魏永清教授，因新旧政权更迭，形格势禁，被错判死刑缓期执行，直到20世纪80年代中期才平反出狱。

这些事情，虽然在一定时期造成了一定影响，但是，并没有在大方向上影响晏阳初的回归之路。他历尽万难，并未后悔。

## 月不明朗难成行

20世纪70年代末，中国大陆在拨乱反正，否定“文化大革命”之后，跨入了改革开放的新时期。中国面临着百废待兴、广揽各方力量、共创辉煌的新局面。看到赵元任、李政道、范寿康、杨振宁、袁家骝等学人一个个回国访问或定居，晏阳初过去的同事和学生们，以中国乡村建设学院校友会的名义邀请他回国访问。虽思乡心切，但几十年来的阻隔与积怨，难以抚平那一颗深深被刺伤的心。他无法下决心作归国之计。

国内从各个层次不断邀请晏阳初回国访问，民间团体、个人和政府都力图抚慰历史之痛。欧美同学会便是其中之一。它是由几代留学欧美的学人组成的民间团体，在国内外享有很高的声誉。1983年夏，欧美同学会在有关方面的关照下写信给他，再次邀请他回国访问。他虽然意识到这次邀请再次传递了中国官方的某种信息，但他此时的心情仍是十分复杂。既有向往与思念，又难免疑虑与犹豫。更重要的是，自己已经是九十有三的老人了，医生的嘱咐值得重视。思虑再三，他提笔写了一封婉转谢绝的回信。

欧美同学会诸位仁兄、姐有道：

久缺音问，而怀思无已。夏间荷蒙赐书，幸甚幸甚。承不弃在远，邀约回国叙旧，感何如之！适值冗忙，稽复为歉。母国故人，时在念中，惟以年迈，行虽不杖，不宜长途旅游，此医生之命，不得不从也。盛情厚意，念兹在兹，特申谢忱。

并颂时绥！

弟 晏阳初 拜

一九八三年十月十八日

## 还得按常理出牌

欧美同学会的邀请，确实传达了大陆官方对晏阳初的关注。早在之前，邓小平访美时就曾关心过晏阳初在海外的行止。希望他早日命驾回国观光，并指示有关方面尽早做好欢迎他回国观光的工作。[1]安排晏阳初

---

[1] 魏亚南：《晏阳初回故乡》，1985年10月14日《人民日报》（海外版）。

1985年9月21日，全国政协主席邓颖超在中南海会见晏阳初及其女儿群英、华英。

1985年9月4日，全国人大常委会副委员长、教科文卫主任周谷城会见晏阳初。

1985年，全国人大常委会委员长万里会见晏阳初。

回国的渠道终于从民间转为官方。

1985年8月10日，周谷城以全国人民代表大会常务委员会副委员长及全国人民代表大会教育科学文化卫生委员会主任的名义，郑重邀请晏阳初回国访问，欢迎他“考察中国农村改革和教育发展情况，并探望亲朋好友”。周谷城同时表示：“我相信，通过您的访问和考察，必将进一步加强我们之间的联系和友谊。我期待着您的来访。”接到周谷城的邀请信后，晏阳初十分激动，他说：“我再也按捺不住要回国的急切心情了。”“我已到了这般年纪，有义务、有责任回去看看，考虑余年为祖国做点什么事情。”

经过短时间的准备，他从纽约取道菲律宾马尼拉，踏上了归国之路。陪同他来访的，有国际乡村改造学院院长弗拉维尔，有著名中国前辈外交家颜惠庆先生（1877—1950）的女儿、乡村改造学院副院长颜彬生女士。当然，还有晏阳初的两位女儿。

晏阳初在回国考察访问期间，受到了政府和民间高规格的接待。全国政协主席邓颖超同志在她的家里接待了晏阳初。20世纪40年代，周恩来与晏阳初在重庆参加国民参议会期间，曾为国家的和平、民主共同讨论过工作。邓颖超紧紧地握住晏阳初的手说：“您可回来了！欢迎！欢迎！多年不见，非常想念。我们是老朋友，恩来在世时，常向我提起您，您一生从事平民教育志向不移，对中国和世界作出了贡献。您培养出来的学生，全国各地各行都有，他们成了国家的宝贵财富，为祖国的解放和建设事业作出了贡献。”[1]1985年9月4日，周谷城在人民大会堂设宴为晏阳初一行接风，并以他历史学家的眼光高度评价了晏阳初为中国与世界平民教

[1] 武民英：《“我看到了中国的前途和希望”——晏阳初博士归乡访问记》，1985年12月20日《光明日报》。

育事业所作的杰出贡献。全国人大常委会委员长万里在中南海紫光阁会见了晏阳初，亲切地对他说："这几年，我们重点是先把农村的经济搞上去，随之，农民的教育和文化也要跟上去。您在农村做了那么多年教育和改造工作，既有国内经验，又有国外经验，我们对您抱有希望，希望您多作贡献。"[1]全国人大常委会副委员长、九三学社主席许德珩也会见了晏阳初。

快到化泥方是聚。风雨几十年，朋友聚一朝。幸运者，还能见上一面；不幸者，或已作古。欧美同学会为他举行了茶话会，茅以升、严济慈、胡子昂、费孝通、赵君迈、薛暮桥、杨放之、陈翰笙等几十位社会各界名流，与晏阳初欢聚一堂，共叙旧情。原中国乡村建设学院的同事、学生们，也在中国革命历史博物馆（现国家博物馆）为他举行了隆重的欢迎会。

## 评扬择用，任重道远

中国国家领导人的盛情接待与高度评价，对晏阳初本人及其事业给予了正面肯定，实际上已否定了20世纪50年代左路线时期对晏阳初的否定与批判。对于过去为形势所迫，而给他加上的"罪状"，也从多方面进行了平反。

1986年7月11日，中共重庆市委常委会上，审议了中国乡村建设学院校史研究会的报告之后，决定以在《重庆日报》上公开发表文章的方式，为中华平民教育促进会和中国乡村建设学院平反，恢复名誉。四川省高

[1] 魏亚南：《晏阳初回故乡》，1985年10月15日《人民日报》（海外版）。

级人民法院也早在1982年发布“[1982]川法刑字第16号刑事判决书”，对原中国乡村建设学院代理院长魏永清案等改判，撤销原川东人民法院的“[1952年]刑字第110号关于判处魏永清死刑的判决书”，宣告魏永清无罪释放。[1]

于是，重新评价晏阳初以及乡村建设学派的历史功绩的工作，逐步展开。尽管一些领域的某些人，由于受过去极左路线和批判运动的影响，对近代史上的平民教育运动与乡村建设运动，包括其代表人物晏阳初、梁漱溟等持以种种保留态度，并设置种种戒律与障碍，但在新的改革开放时期，以客观公正的态度面向世界，制定正确对待人类历史上优秀文化传统的基本决策，无疑是符合世界历史发展的潮流的。这种风气，对评、扬、择、用中国近代史上的历史人物，发挥他们事业中的合理成分，为社会主义现代化建设贡献力量，为社会主义民生事业谋福利，都将是妙用无穷的。

澄清历史真相，客观地、实事求是地重新审视过去曾经产生过影响的平民教育运动、乡村建设运动以及为此而身体力行的一大批社会活动家、知识分子的历史功绩，包括以实事求是的科学态度，分析他们的理论贡献和实践价值，探讨如何让他们在新时期、新阶段更好地发挥能量，对于正确认知中国近代史、近代教育史尤其是中国目前的农村问题，是非常重要的。

明乎此，即知任重道远。

---

[1] 中国乡村建设学院校史研究会：《乡建校史研究会通讯》1986年第7期。

# 二　启蒙与受洗

1907年，晏阳初（右起第三人）在成都华美高等学校。

# 地灵人杰

任何人的成长教育，都离不开他所处的社会环境。事实上，童年和少年的生长环境和生活体验，有时候甚至能潜移默化地影响到人的一生。

晏阳初正是这样。

晏阳初的出生地，是四川省的巴中县（今巴中市巴州区）。这里身处秦岭—大巴山山系的腹心地带。直到今天，仍然是茂林修竹，清水激流。此山系从这里开始往东走，与淮河联系而成为东西走向的山水一线，把中国分为南北两个部分。巴中和汉中，如同两颗明珠，分系秦巴山系西部的南北两方。

秦巴山系的腹地，在农业社会是十分富饶的。因为有秦巴山系的气候屏障和水源滋养，才会有八百里秦川的风调雨顺，才会有周、秦、汉、唐的绝代风华。中华民族最引以为骄傲的古代文明，根本上说得益于这样一座朴实无华的、由巨大花岗岩体构成的山脉。即使在今天，这里亦调节着中国南北方的基本气候变化，保持着中国最完整的生物多样性。

从它本身的历史发展而言，巴中是一个山川秀丽、气候宜人，具有悠久历史的文化名城。它位于大巴山南麓，四川省东北部。境内江河汇流，蜿蜒东去；山河之间，丘陵起伏；田连阡陌，屋舍俨然；层层梯田，直上山巅；雪山屹立，气势雄伟。近期出土的文物表明，早在一万年前的旧石器时代，就有人类在这里繁衍生息。

东汉和帝永元年间就已建置县制，至今已有近两千年的历史。秦巴的山水养育了无数的优秀儿女，古往今来，人文荟萃，这里是文化的腹地；秦巴的朴实润养着新中国诞生的种子，近代中国，名将辈出，这里是革命的故乡；秦巴川渝的执著输送了抗战的人、物，抗日战场，川军顽强，这里是民族的脊梁。

## 时代变局

但是，这一带在工业社会之初却十分贫穷。晏阳初出生的时代，正是农业社会向工业社会转变的时代。尽管有与古代农业社会相适应的自然环境和质朴无华的人文环境，但是晏阳初出生的时代，外部环境开始发生了巨大的改变，其中最为突出的社会变化就是中国社会逐渐沦为半殖民地半封建社会。西化是这一时代开始生长的时代精神。这一时代的标志，就是西方传教士逐渐向中国内地深入，并在内地广泛发展。异种思想文化的鼓荡与冲击，必将生发出新的东西。文化在选择中适应，在适应中发展。

当然，除了传教士的渗透外，太平天国运动的作用也不可忽视。文化的冲突、政治意识形态的差异和太平天国内部的腐败，使太平军一路败退，曾国藩的湘军一路向西追赶石达开部队。两支部队，加上蜀中地方民团，在川北和川西，或战或停。新的体制机制、文化意识、社会组织，长期在这片贫瘠、但质朴的土地上回环往复，生长发育。晏阳初的故乡，毗邻朱德朱老总的故乡仪陇。在朱老总的权威回忆录——《伟大的道路》一书中，史沫莱特把清末川西、川北一带的历史、社会、经济、文化的变局写得十分清楚。我们可以从中明了，为何朱老总会有这样大的能量，走出绵延起伏的丘陵，义无反顾地追求新生活；我们亦可知道，晏阳初先生为何一旦锚定乡村改造、平民教育事业，即为之奋斗一生；我们还可知，保路运动、辛亥革命于此时代变局之际，为何会如此地摧枯拉朽，如此地影响深远……

新的时代、新的社会环境，才有新的教育形式。新时代的教育家，亦必成长于新的时代精神之中。他们植根于磅礴悠远的旧传统，领悟时局变化的新精神，思索社会发展的新问题，不断进步，忘我工作。教育家成长的艰辛，伟人成长之不易，由此可见一斑。

## 家庭濡染

家庭环境，于教育家的出现是独特的。家庭环境，综合地涉及社区人文、时代影响和地理交通等因素。在这个时代有一个特殊家族，1890年10月26日（清光绪十六年，庚寅九月十七日酉时），晏阳初出生在巴中县县城。他是这个家庭的第五个孩子，也是最后一个孩子。按照当地的乡土风俗，称为“幺儿”。按照族谱辈分排行，父亲给他起名“兴复”，字“阳初”，寓意“复兴国族、旭日之初”。

晏阳初的祖父晏礼忠，是巴中县城有名的私塾教师。父亲晏乐全（字美堂）继承父业，也在学塾里做一名教师，同时又擅长中医，常为乡人把脉开方。按照传统的说法，是教医兼通的“塾师儒医”。其社会地位在清末的巴中县城，属于中下阶层的市井平民。晏氏家族，虽说是世代书香，但从未有人及第做官。田无一垄，租屋而居，是一个典型的清贫乐道的家庭。

晏阳初的父母亲，自幼就给了晏阳初较好的教育与深刻的影响。不过父亲与母亲的性格却全然相异。与传统中国家庭的严父慈母恰恰相反，是慈父严母。父亲，一派儒者风范，谈吐斯文，温善慈祥，仁心仁术，春风风人，是

晏阳初的父亲晏美堂与母亲吴夫人。

一个旧时代典型的可亲可敬的读书人。在晏阳初的记忆里，父亲脸上总挂着慈祥的笑容，从未见过他发过脾气。还在四五岁的时候，晏阳初就跟着父亲到他任教的塾馆上学。在塾馆里，晏阳初虽然年龄最小，但读书格外认真。父亲就是晏阳初的启蒙老师。塾馆里就读的学童，年龄不一，程度不齐，教学是根据不同对象，因材施教。教授的内容，先是《三字经》、《千字文》、《百家姓》。这些童蒙教材，以韵文形式编写，朗朗上口，易于记忆。进一步教授“四书”，即《大学》、《中庸》、《论语》、《孟子》。教学方法，先是由教师领读，学生跟着读，一句一句进行。最后要求熟读、背诵。晏阳初也是这样，立在老师，也就是他的父亲的案边，当着全体同学的面，一句句跟读，一遍遍背诵。在塾师的家庭环境濡染下，加上其个人禀赋，晏阳初的记忆力极强。一段书，只要念过一两遍，往往就能背诵下来。每当他摇头摆脑地用洪亮的嗓音、抑扬顿挫的节奏准确无误地背下整段整段的课文时，父亲得意自足的微笑就是对他最好的嘉奖。

教授得法，影响至远。中国几千年传统的教育教学法，是在记忆成诵的基础上讲求深刻理解、身体力行。晏阳初既具禀赋，又蒙妙法，当然在随后的学习、工作、处事中如鱼得水。晏阳初说："幼年的教育，深深地影响了我的人生观。"

在往后的家庭教育和塾师浸淫中，父亲又把所教读的经史子集、医理诗文逐句讲解。透析章句，汇通文意。既重视朱子章句集注读经之法，又不忘春秋公羊微言大义。这些代表着儒家经典的古书，就在日复一日的学习中，悄悄地在他幼小的心田里，埋下了一粒微妙的火种。[1]在父亲兼老师的耳提面命的启蒙教育下，经过了一二十年的孕育，他终于领略到这火种存在的意义。儒家的民本思想和天下一家的观念，终于化作无限的动力，引导他为中国和世界的平民教育运动、乡村改造实践燃起了光照天际的熊熊火焰。

幼年的教育，深深地影响了他一生的人生观。儿时日日口诵修身、齐家、治国、平天下的哲言，潜移默化地在胸中滋生，终于形成了他"忧以天下，乐以天下"的壮怀，使个人与家、国、天下一脉相连，育出治国平天下的豪志。即使"剩得瘦骨一把"，亦在所不惜。

母亲，是一个封建时代的特殊但典型的女性。据晏阳初回忆说，"母亲娘家姓吴，经济情况似乎比晏家稍强"。她不识字，小脚，持家勤俭，但教子严明，绝不溺爱子女，"是一位真正的严母"。她虽长得白净清秀，但却颇有威仪。子女们在她面前都是规规矩矩，不敢有丝毫出格之举。她对孩子们的待人接物、行为处世，向来是严加管教，要求子女们注意坐相、站相、吃相，从不会姑息迁就，更不会溺爱纵容。母亲的管教，使晏阳初从小就养成讲究

[1] 参见晏阳初《九十自述》中关于"火种的故事"。

整洁、吃苦耐劳、严于律己、做事认真不苟、自制力极强的良好习惯与品质。晏阳初的这些形象，我们在菲律宾国际乡村改造学院的运行中，并不陌生。他的那些还健在的学生以及国内与晏阳初有过一面之缘的学人、民众对此亦印象深刻。[1]

一件小事，影响了晏阳初一生的习惯。晏阳初终生与烟酒无缘，得益于家庭的熏陶。在《九十自述》中，晏阳初说：

一年重阳节，大哥和他的朋友去登高，意气风发之余，饮酒以助吟唱，大哥竟喝醉了，归途中，遇到一位晏族的晚辈，不知怎的，两人话不相投，大哥把这位晚辈骂了一通。旁人把这件事告诉了母亲。大哥一到家，母亲立刻集合全家大小，训责了大哥一不该喝酒，二不该酒后失态，给晏家丢脸。大哥低垂着头，不敢申辩。他那时大概30出头，有妻有子，而且是巴中县游击（武官）的掌稿（文书），在乡中算是有头有面的。可是母亲仍然拿出鞭子，命大哥伏在一条板凳上，气颤颤地说："我今天要是不打你，是我对不起晏家。小辈要是都学着喝醉，还了得。"刷！刷！刷！他不敢吭一声。我们默默无言，只能暗中替他难过。这件事常使我联想到中国母亲在家中的威严。我一生与烟酒无缘。也许和这件事，多少有点关系。[2]

从这里，我们或许可以初步地判断，为什么晏阳初在学校式教育和社会式教育之外，把家庭式教育作为一种专门的教育方式。良好的家庭教育，对于教育体系，无疑是至关重要的。

---

[1] 参见河北保定电视台录制的《晏阳初1930年在定县》、中央电视台科教频道的《晏阳初传》、中央电视台中文国际频道"走遍中国"栏目组录制的《晏阳初》，以及中央电视台十频道的纪录片《华工军团》中的"晏阳初一战期间在法国战场"部分。

[2] 宋恩荣主编：《晏阳初全集》（第2卷），湖南教育出版社1992年版，第493页。

# 触摸西学

生活在封建时代的父母亲，并不是那种因循守旧、落伍保守的人。晏阳初的家乡巴中县，虽说是山清水秀、文化悠久，但地处偏僻、交通阻梗、信息闭塞。老百姓谋生且不暇顾，对天下大事，更是事不关己，不知不识，抱着“天高皇帝远”的传统态度。但就是在这样一个封闭落后的环境里，在科举制度没有废除之前，他们就已从口耳相传和社会变革的余波中觉察出大山之外另有天地，古书之外另有世界，社会将有改弦易辙的可能。因此全家一致同意送年幼的晏阳初远离家乡，去进基督教教会办的学堂读书。这一决定改变了晏阳初一生的生活道路。

1903年夏秋之交，晏阳初在大哥晏桐轩的陪同下，离开家乡，踏上了去往保宁府（今四川阆中市区）的道路。保宁府距巴中县200公里之遥，中间隔着崇山峻岭、深沟险壑。到20世纪40年代末，四川全境还无半寸铁路，半数以上的县城不通公路，交通十分不便。晏阳初作为一个十来岁的孩子，只能跟着大人，顺着羊肠小径，在田间与山间翻山越岭，迂回前进。他们晓行夜宿，白天与“背二哥”（苦力）一道结伴同行，垂暮与“背二哥”一道打尖儿住店，有时甚至披着月色前进。脚底磨出了血泡，汗水浸透了衣衫。经过五天的跋涉，他们才到达保宁府。

保宁有一间基督教内地会创办的西学堂。大约1854年，英国的中国布道会，派遣戴德生（又名戴雅各，James Hudson Taylor，1832—1905）到上海、宁波一带行医传教，因缺乏财力从事较具规模的传道工作，戴氏于1857年脱离中国布道会，而自行传教于浙江各地。他于1865年创立了内地会（China Inland

Mission）。

由于戴氏的热忱和才干，内地会成为入华传教最具规模的教团，传教事业红红火火。它的总部设在伦敦，总办事处在上海。1905年，戴氏在长沙去世时，内地会在中国共有829个传教士。内地会进入四川，最早可以追溯到1877年。1895年，保宁府创设了教堂，这是隔晏阳初家乡最近的教堂。大约两年后，英国的一位青年牧师（1871—1947），奉内地会之派遣，辗转于1898年6月到达保宁府传道。他的中文名字叫姚明哲，人称姚牧师。1900年前后，姚牧师派遣传教士在巴中县开设了一个福音堂，延请晏阳初的父亲为中文教师，学习中文以利于传道工作的开展。

福音堂的功能其实主要是行医治病、资助贫困家庭、收养贫苦人家的弃婴等等。此等行善积德的事业，自是赢得了晏阳初的父亲的认同和钦佩，加之为传教士教习中文，所以，他们很快就成了好朋友。在与教士的交流互动中，晏阳初的父亲隐约地觉察出西学值得关注和学习，加之洋教士亦喜欢聪明伶俐的晏阳初，同时，姚牧师的中文教师又是晏阳初父亲友人的学生（关系较为复杂），遂建议送晏阳初到保宁西学堂读书。

保宁府的西学堂是姚牧师于1902年开办的，与内地会教堂同在一个院子里。刚开始的时候，规模很小，学生总共只有二十多人，大部分是本地的，只有四五个来自外县，来自外县的都住在校内小房子内。晏阳初既来自外县，年龄又最小，初来乍到，很不适应。但想到父母亲的一番苦心，他还是很快地安定下来，与老师同学熟悉起来。学堂由内地会资助，学生不用交学费，只交很有限的膳宿费。星期天，住宿生一起吃简单的中国饭菜，往往是姚牧师请住校生到他家打牙祭。对于那个物质紧缺、缺少油水的时代而言，学生们都很高兴。

姚牧师是学堂的校长，也是主要教师。他态度谦和，毫无一些在华洋人的骄横之气，更没有教会人员道貌岸然、趾高气扬、居高临下的样子。他在着装打扮和外貌上，力图学当时的中国人，剃去头顶前边的头发，后面挂一条黄发长辫，头戴瓜皮小帽，穿一身汉服。既有中国读书人的斯文，又不失青春欢愉的气息，望之令人精神一爽。据晏阳初回忆，当时进西学堂的一些学生，因受过礼教的束缚，反而显得少年老成。不过，随着与姚牧师在一起的时间的增多，耳濡目染一久，学生就开始“返老还童”了，回复到少年人应该有的精神状态。

姚牧师教授的课程有英文、数学、地理。对中国学童来说，这些都是全新的课程，他们也从中领受了科学的启蒙。这些课程为他们日后进一步学习西学打下了基础。进西学堂的学生，大多家庭贫穷。对于穷学生而言，课堂笔记所需的笔、墨、本子是买不起的，所以，他们只好把老师在黑板上的板书，用石笔抄写在石板上。

西学堂的特设课程是有关基督教教义的宗教课程——道学。道学课程每天必不可少，但姚牧师等传教士意识到要讲得生动和易于接受，必须与中国的传统文化相结合。所以，在他那热情饱满、虔诚专注的道学课程中，常常以儒家的学说、孔孟的言论来加以解释。每到礼拜日，同在学堂院内的教堂举行主日崇拜，学童们可以自由参加，不是硬性规定。姚牧师对学生爱护备至、循循善诱，所以晏阳初回忆说，在姚牧师身上，“我们看到了基督的榜样”。

## 自愿受洗

正是在这一背景下，晏阳初与几位中国少年，终于于1904年自愿地领受了洗礼。洗礼是获准加入教会，并领受圣灵的一种仪式。其方式为或将水灌顶

（点水礼），或将全身浸入水中（浸礼）。象征着洗净过去所有的罪过，意味着与耶稣基督建立了一种新的关系——与他同归于死，又一同复活。

在保宁西学堂，晏阳初得到了两大收获——“信仰基督与略窥西学”。其影响最大的首推信仰基督，这表明姚牧师传教活动的业绩，也恰恰反映了内地会在华传教的主要宗旨。

内地会成立之初，就确定了五条基本原则，其中规定：传教士在生活、言语、起居和衣着上尽量中国化，与中国人打成一片；主要目标不在招收教徒，而是向全国以最快的速度传播福音。内地会的创立人戴德生在神学思想方面非常强调信徒“属灵方面的需要”，极为重视精神与灵性上的工作，而与传教士李提摩太、林乐知、丁韪良和傅兰雅等人“在从事办学、办报、译书等事业中推进传道”的主张，大异其趣。戴德生在“世俗”事务和“神圣”事务间画定了一条严格的界线。姚牧师正是忠实地执行了内地会的规定，并未着意于西学教育的过程，而只是奉行了“孔子加耶稣”的原则，巧妙地把基督教同儒家旧礼教、旧思想结合起来，将教学当成吸引学生接近耶稣基督的机会。

少年晏阳初通过洗礼，确立了一生的基本信仰，对日后事业发展方向与人生道路产生了潜在的影响。这种基本影响与潜在影响，也使他在保宁西学堂领受了另外两项影响其终生的习惯，那就是唱圣诗与爱好运动。20世纪初，在保宁府这个信息闭塞的地方，教友们对圣咏茫然无知。但晏阳初秉承了母亲的天赋，有一副好嗓子，被指定为领唱。他站在礼拜堂的前排，如初生牛犊，慷慨吟啸，有时走调作了“惊人之鸣”，还不自知，弄得教友们不知所从，形成了一部混声曲。慢慢习惯协调之后，他渐入佳境，那庄严的韵律，清丽的诗句，竟能引人进入肃穆神圣的气氛之中。从此，唱圣诗、听圣咏唱片成为晏阳初生活中的一种爱好与享受，借以解除身心的疲劳，暂忘忧患，舒畅胸怀。温厚从容的圣乐带给他心灵无限的慰藉与精神的鼓励。

养成锻炼的习惯，是西学堂带给晏阳初另一长远影响的收获。晏阳初本来生性好动、诙谐。但幼年时家长给予他严肃的管教，或许压抑了他的天性。进入西学堂之后，情况为之一变。原因是姚牧师秉承教会小学之要求，注重体育教育，努力“使学生得有健全与发育完善之身体，俾其身强健适，并有清洁、合理、活泼、敏慧与端正之生活”。学堂里每天都安排了室外活动。晏阳初学会了打板球，而且打得不错。但是，他最喜欢的还是起步前进的操练。他说，每当此时，一股战斗的气概油然而生，雄赳赳、气昂昂，每一步踏下去都感觉到力量，都发出回响。这时，他想象自己是基督的十字军，征讨世上的罪恶与不平，以必胜的决心，无畏地前进！晚年当他回忆及此时说：“青春早已消逝，但当年操练时的豪壮之情，跟随了我一生。”

西学堂四年的生活，使晏阳初的精神、知识和体育，逐步得到解放、增进与提升。其心更为之壮，气更为之舒。

## 从成都到香港

当晏阳初从保宁府西学堂毕业的时候，校长姚牧师，因同夫人回英国治病，离开西学堂。后来由于他布道成绩显著，出任了中华内地会伦敦本部的监督，成为英国基督教会中的重要人物。1947年，晏阳初曾专门前往伦敦拜访了姚牧师。是姚牧师引导他走上了信仰基督与崇尚西学的道路，姚牧师是他基督与西学的启蒙恩师。此为后话，先按下不表。

1907年，晏阳初毕业在即，经姚牧师写信介绍，自行从巴中县步行到省城成都，进入华美高等学校进修。这是由美国的美以美会（Methodist Church）在四川省创办的传播西学的最高学府。该校校长精明能干，后来创办了华西大学（即华西医科大学，今为四川大学华西医学中心）。华美高等学校的主要教师均为美国男性传教士，由于当时的环境，所以概不收女生。晏阳初在那里求学的时候，学生约有一百多人。

晏阳初在华美高等学校学习了两年便肄业离开了。离开的原因，据他说，是因此校不重视道德教育、缺乏基督精神，学生赌博、酗酒，"还有其他不好的事"。对晏阳初而言，唯一的收获是学会了打棒球，并且得名师传授，学会了投掷曲线球的手法。

在华美高等学校学习期间，因巴中到成都往返至少要费时一个月，所以他每年寒假回家，暑假则为成都同学补习英文，收点学费，以作零用。由于在华美高等学校学习期间的问题，姚牧师又写信向晏阳初介绍了一位在成都的传教士。这一见，晏阳初说："关系我以后的生活和思想发展。"

这位英国籍年轻传教士名叫史梯瓦特（James Stewart）。在晏阳初的心目中，"他是一位了不起的人物，象征着基督的牺牲自我，以德报怨"。他们初次见面大概是在1911年夏秋之间。史梯瓦特当时在成都筹设一聚会所，类似基督教青年会，以文化娱乐活动辅导青年。由于他们意气相投，双方均有相见恨晚之感。他邀晏阳初帮忙制订计划。晏阳初一口答应，建议这个会所定名为"辅仁学社"，取"以文会友，以友辅仁"之意。

1911年，四川爆发了保路运动，随后演变为辛亥革命，中国面临两千年未有之大变局。成都异常纷乱，学校关门。晏美堂对儿子放心不下，要他回家。回巴中不久，晏阳初在巴中中学教了一段时期的英文。由于晏阳初意识到他的将来是在巴中之外，加之父母亲也不愿意他久留家乡，所以1912年春夏之间，晏阳初再次回到成都，再度与史梯瓦特合办辅仁学社。他赠给史梯瓦特一个很具有中国味道的名字——史文轩。

在辅仁学社，几乎所有文艺节目均由晏阳初组织，而且很受成都知识青年的欢迎。辅仁学社的工作生机勃勃，他很自然地成了史文轩的得力助手。史文轩也领略到了他的组织能力和社会活动才干。一天，史文轩问晏阳初愿不愿意去香港读大学。这是一个突如其来的问题，晏阳初之前甚至连大学是怎么一回事，都无法想象。加之香港又那么远，路费和学费都不是清寒如晏阳初等的青年所能出得起的，所以，晏阳初有所疑虑，便直截了当地问："您是不是不再要我在这里帮忙了？"

史文轩说："你能帮助我的地方很多。但是，我不应当为自己着想。我觉得你是可造就的、有前途的，待在这省城，太可惜了。我希望你能深造，将来修成一位传教士，在本国弘扬主道。我自己没有经济能力供你上大学，但我在香港的哥哥和妹妹，可以照顾你。我的同事Forrester，是贵族之后，颇有经济实力，我会写信请他资助你完成学业的。"[1]

史文轩热情恳切的建议，在晏阳初的面前打开了一个新的世界。他十分感动地对史文轩说："你太好了，我将永远记住你！"七十多年过去了，这仍然是晏阳初常对史文轩在天之灵说的话。

[1] 宋恩荣主编：《晏阳初全集》（第2卷），湖南教育出版社1992年版，第508页。

# 三　香港悲欢

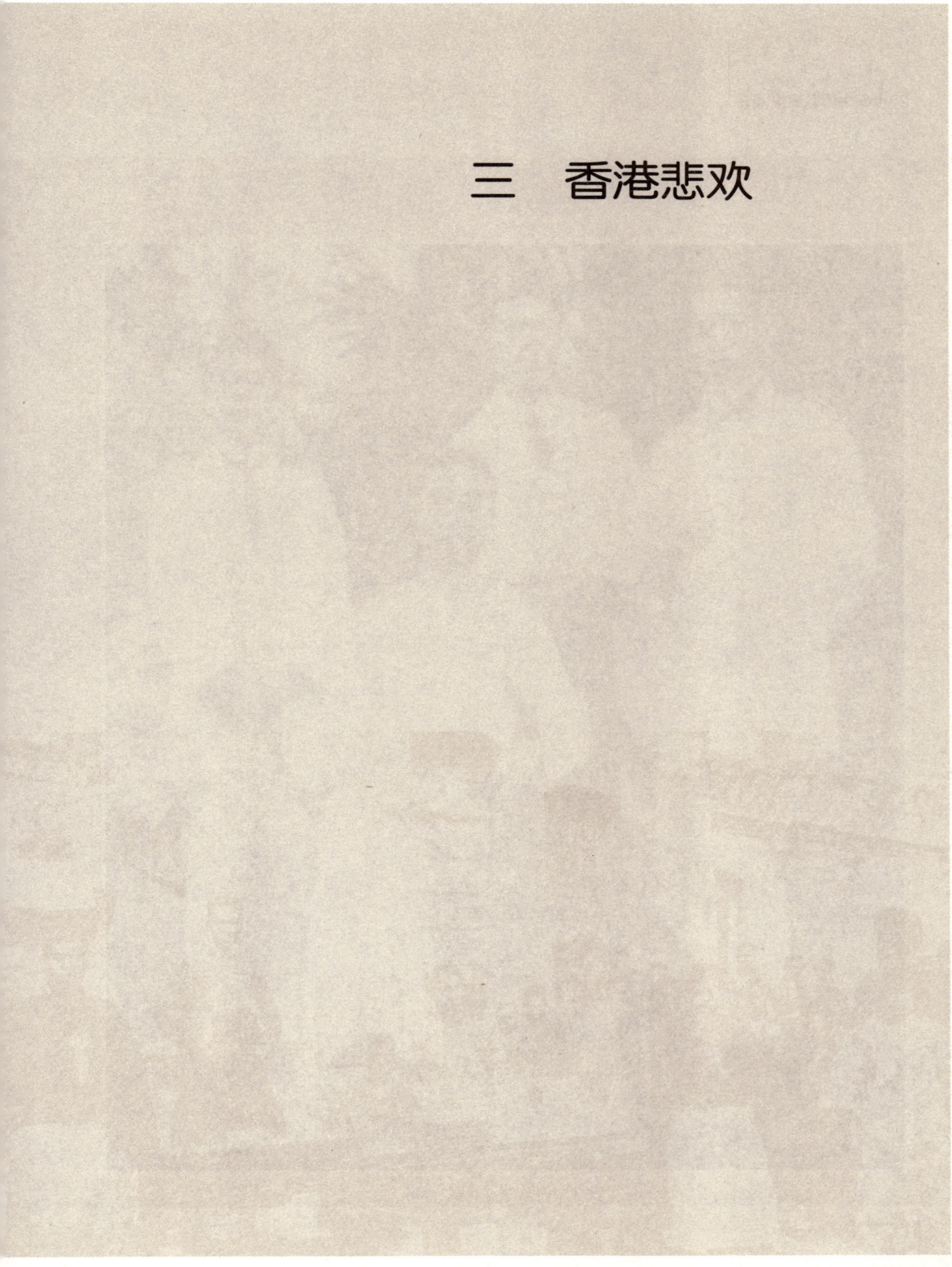

1916年3月，晏阳初（中坐者）在香港大学读书时与同学合影。

# 万水千山到香港

晏阳初徒步赶回巴中，向母亲汇报了史文轩传教士的建议。一年前，父亲因患脑栓瘫痪，医治无效，与世长辞。送他跋山涉水来保宁读书的大哥，也因庸医误诊，过早地离开了人间。在丧夫失子的双重打击下，母亲竟然没有丝毫的犹豫。她克制着自己内心的悲苦与寂寞，鼓励小儿子到那不知有多远的香港，去寻求新的知识，为己为人探索新的道路，表现了一个普通中国妇女从大处着想的豪气与舍己为人的慈爱。母亲强有力的支持，成为了策励晏阳初日后勤奋创业、心无二用的永恒力量。

晏阳初叩别了母亲，穿上草鞋，又徒步回到成都。在史文轩的陪同下，再步行赶到重庆，转乘木船取道三峡，沿长江东下，抵达上海。然后换乘海轮，沿东海南驶，历时四十余天。跨越千山万水，终于来到香港。

香港是世界著名的“东方之珠”。1842年，英国殖民主义者与清政府签订不平等的《南京条约》，强行割让香港为英国的殖民地。自英国拓殖以后，悉力经营，发展海上交通，逐渐使贸易兴盛、经济繁荣。欧美传教士纷至沓来，或先在香港学习中国语言和文化，再赴内地传教；或留香港办学，从事著译。他们一方面向中国人传播西学，另一方面向欧美介绍中华文化和历史。中国学生出洋，也常以此西学中心为准备和预习的前站。香港的言论自由，招徕许多维新和革命人士办报鼓吹洋务、维新和立宪等各种活动。毋庸赘言，香港在中西交通史上，堪称举足轻重的要地。晏阳初说，正是这个“东方之珠”，引导他走向世界。

在这个屈指可数的世界大观园中，晏阳初产生了强烈的充实自己的愿望。所以，香港稀奇古怪的事物虽多如牛毛，但他均无心去探究，只是一心想把书念好，以不负四川父老乡亲和文轩兄的厚望。

## 筚路蓝缕写精神

1913年1月20日，晏阳初满怀希望到达香港，他先用晏遇春这个名字在香港圣史士提反书院（St. Stephen' College）注册补习。晏阳初当时从史文轩的哥哥处听闻这所学校声誉卓著，遵循着英国的教学制度和方法，此处的学分为英国的牛津、剑桥等大学所承认。

但是，注册的第二天，学力测试的结果又令他黯然忧伤。圣史士提反书院的校长班纳会吏长测验了晏阳初的学业程度，说他的英文属第五级，但是数、理、化只在第一二级。并告诉他“可能需要在这里读三年”。他心想，自己在家乡是顶尖人物，在香港怎么就“低人一等”？

晏阳初初生牛犊，牛脾气一上来，即立即发扬中国“筚路蓝缕，以启山林”的精神，加之他一向乐观、一向能吃苦、一向不认输、一向不相信天下有不能克服的困难，克服了在生活习惯和语言上的种种格格不入之感，发奋补习，终于在同年9月考入香港大学。晏阳初不仅入学考试成绩名列第一，而且以八个月的速度代替了班纳会吏长预言的三年，此等用功程度令班纳会吏长和史文轩的哥哥——史超域牧师不禁刮目相看。

# 愤辞奖金显国格

晏阳初参加香港大学招生考试后，成绩如何自不得而知。但是不久，香港大学的索特院长派人叫晏阳初到院长办公室。见面后，索特开门见山地说：

“晏先生，你考得相当好。”

晏阳初有点不敢相信。

“恭喜你，你考了第一名。新生状元，可以得到英皇爱德华七世的奖学金，共1600元。”院长高兴地告诉他。

这对他而言是做梦也不曾想到过的。1600元对他来说简直是天文数字。

接着院长又告诉他颁奖条件：“这奖学金有一项条款，得奖人必须是英国属民。你愿做英国属民吗？”

听了这条件，晏阳初陡然间义愤填膺，怒不可遏。他想，大学，顾名思义，应当是公正开明，传授世界知识，培养高尚人才。号称第一流学府的港大，竟如此偏执狭隘，以国籍为奖学金的条件。这所谓条件，不等于排华吗？晏某人再穷，也不为这1600元卑躬屈膝，一千年前的陶渊明还不为五斗米折腰，诗人李白也不愿“摧眉折腰事权贵”呢！他昂起头，提高了嗓门，说：“这代价，对于中国人来说，太高了。”他转身昂首挺胸走出了索特的办公室。结果这笔巨额奖学金给了比晏阳初的成绩低13分的一名出生于香港的青年。

“奖学金事件”一时风闻港大。在港大的中国学生团体表示不满，愤愤然都替他抱不平，以罢课抗议歧视。其实，在殖民地生活，无时不感受到种种歧视，晏阳初心中悲愤已久。奖学金事件，只不过是积郁既久后突然爆发的导火索而已。港大的中国籍学生的抗议，可能也有这种心理因素在起作用。

但事件终于还是平稳地过去。通过这个事件，晏阳初也扩大了处理类似大是大非事情的气量。当时的反应乃是自然的迸发，气在心头，一时不知其所以然而然。好在他从母亲那里学会了克制自己情绪的本领。所以，情绪虽也有迸发之时，但一般很少意气用事。从此之后，无论谁如何地对他，他亦没有微词一句。相忍为国，相忍为谋，坚持一生。

事件之后，他细细思忖，文轩兄千里迢迢送自己来香港，是为了进港大。好不容易考取，岂能前功尽弃？而且他别无选择，学未有成，何颜告慰母亲和文轩。他细思，奖学金事件后，港大副校长爱理鹗又对他殷殷慰勉，他又为何不识抬举呢？自己虽然没有奖学金，但文轩兄早就为他筹划了读港大的学膳费用。所以，是年秋，晏阳初如期成为港大文科新生。

对于香港大学副校长爱理鹗，晏阳初印象甚佳。他博学多才，精通多种语言，能识中文、讲汉语。奖学金风波最热闹的时候，他找晏阳初谈话，深表同情。非但如此，他还亲自跑到北京去见当时的大总统袁世凯，请袁捐一份专为中国籍学生所设的奖学金。袁世凯答应了爱理鹗的请求，但公函往返，银钱转换，颇费时月。因而晏阳初并没有蒙受香港大学的袁氏奖学金，但之后的中国籍港大学生，却有幸得到袁大总统的“袁大头”了。

## 择选专业有因由

香港大学，1911年宣布成立，次年开学。晏阳初实为香港大学的第二届学生。当年香港大学的学科建制，共分为三个学科。英国人重商，工科与商业相联系。所以，为建设香港，繁荣贸易，工科为香港大学的天之骄子，教员阵容壮威，设备周全，以机械系为最；医科次之；文科则冷清一些。晏阳初的数、理、化在新生中均名列前茅，但他却选了比较冷门的文科的政治系。在《九十自述》中，他阐述了攻读政治系的原因。他说：

香港的环境和个人的经历，使我深体国弱民贫的悲哀。如何育民、富民以为强国之本，这大问题往往萦绕我的脑际。这问题牵涉很广，国民经济和政治组织是其中的大端。要想负起改造中国的责任，必须具有政治和经济学的基本知识。一向相信事在人为，而且基督教的战斗精神和积极的人生观深入我心。所以，“邦无道则隐”之说，我是不以为然的。如果人人都去隐居，独善其身，无道者更横行无忌，邦国每况愈下，那更不堪设想。“国家兴亡，匹夫有责。”救国与救世，都是义不容辞的事。因有此心，所以探索寻求方法，这是我读政治系的基本原因。[1]

在香港大学政治系，晏阳初“未遇到理想的教师”，加上奖学金风波给他心理上罩上了一层阴影，所以他“功课读得不起劲，也没有什么出色

---

[1] 宋恩荣主编：《晏阳初全集》（第2卷），湖南教育出版社1992年版，第514~515页。

之处”。尽管在学业上所得无多，但值得回味的温馨旧事亦不少。

## 醉心音乐唱圣诗

香港的研读生活，令晏阳初感到枯燥单调。在此期间，音乐与灵修，却成为滋润他心灵的甘露。课余时间，他常常去史文轩妹妹凯瑟琳家里。她是一个年轻美貌的丽人，端庄清秀、温文尔雅，给人以不食人间烟火之感，望之令人澄澈、尘意全消。凯瑟琳与晏阳初之间以姐弟相称，这使晏阳初倍感温馨。当晏阳初每次来到凯瑟琳姐姐家中，总觉得这里洋溢着虔诚宁静的气氛，置身其中，感觉灵魂在自然提升，胸襟在款款舒畅，世俗的疑虑与纷扰，都统统忘却。

凯瑟琳的家，成为晏阳初与他的同学们在繁华世界中的一片绿洲。每逢星期日傍晚，这里便歌声琴声不绝。凯瑟琳用她那优美动人的歌喉，颂赞圣咏，每每引人思入云霄。受她的影响，晏阳初也会引吭高歌，他气势浑厚沉雄的吟唱，也吸引了不少知音。经过刻苦练习，他也学会了弹钢琴。贝多芬等人的古典乐曲，是他喜欢的，日臻娴熟的技巧，令他陶醉在音乐的天地里。每当他弹起乐曲，便欲罢不能。这一爱好，陪伴了他一生。

## 有所思考入正道

参加布道集会，是晏阳初在香港生活时期的又一快事。一位来自四川的牧师讲论信仰复兴，鼓励青年学习基督救世的榜样，担负起改造中国社会的责任。这种将布道与救国联系起来的传教活动，是基督教会征服中国的一种策略。不过它却刚好满足了中国基督教教徒的爱国情结与民族情愫。

同时，现实的种族歧视，西洋人的优越感与国人的自卑感，也从反面给予晏阳初刺激与激励。有一个星期日，晏阳初走进一个堂皇的教堂。按照惯例，每一个进入教堂的人，引座员都会主动上前接待，引导入座。但这次站立在门厅内的引座员，对于晏阳初的到来，却视而不见，只用眼瞟了他一下，而没有主动迎上来接待，却去招呼晏阳初身后的一个衣着讲究的白人。此情此景，深深地刺痛了他的民族自尊心，使他亲身体会到国势衰微的悲哀。他转身走出教堂，决心从此不再去。

但是，这一刺激并没有使晏阳初变成一个狭隘的民族主义者。他说：

民族的意识，加深我对国家的责任感。但是，我从不是一个狭隘的民族主义者。“天下一家”的观念，时时扩展我的胸襟；基督的博爱精神，永远洗涤我的心灵。姚牧师、文轩兄及凯姐等西方人士的嘉行仁举，也经常在我脑际或眼前显现。镇定思感的波澜，使我保持平衡，不至于以偏概全，或以疵掩瑜。[1]

教堂虽然不再是晏阳初常去的地方，但他对基督的信仰却是有增无减。默祷、唱诗、读经，成为他必行的日课。除此之外，基督教青年会的布道集会上，常常能见到晏阳初的身影。此时的他，宗教的热情异常高涨。

在香港大学，他与香港基督教青年会取得了联系，并结识了中华基督教青年会全国协会总干事巴乐满（Fletcher S. Brockman）等人。从他那里，

---

[1] 宋恩荣主编：《晏阳初全集》（第2卷），湖南教育出版社1992年版，第517页。

晏阳初知道了一位了不起的传教士莫特。巴乐满答应将来有机会一定给他引荐。

莫特是美国人，1888年自康奈尔大学毕业后，就从事基督教青年会的工作。他发起并组织了学生志愿到国外传教运动执行委员会，并自任主席。这个运动提出了"为基督征服世界"的口号，得到了美国总统塔夫脱（1857—1930）的支持。为此，1910年10月20日，塔夫脱在白宫举行了一次特别会议，专门讨论关于在海外扩大基督教青年会活动的问题，这成为美国政治史上一次不寻常的举动。席间，塔夫脱发表演说，竭力赞扬基督教青年会的功能，认为这可以促进基督教文明，可以使亚洲、拉丁美洲等地的落后国家最终接受美国的文明和道德标准。"为基督征服世界"的口号，实际上也成为美国推行扩张政策的工具。

莫特、巴乐满、埃迪先后在香港与中国内地的上海、天津、武汉等一些大城市进行大规模的布道活动，并成立了中国基督教青年会。其宗旨是"发扬基督精神，团结青年同志，养成完美人格，建设完美社会"。此时的晏阳初，虽然没有参与基督教青年会的工作，但青年会传教士们的言论，在他的心中引起了共鸣，并深受感动。

事实上，他的灵修功课，已不断地在进步。

# 四　常青藤下

1944年6月，晏阳初在美国获荣誉博士学位时留影。

# 转投耶鲁门下

经过在香港大学三年时间的学习，晏阳初在学业和旅费的准备上都粗有头绪，并且香港的殖民地气味太浓厚，实在难以久居，加上他已获得若干的介绍，便准备赴美求学。

1916年夏，晏阳初搭乘远洋轮船，离开香港，从太平洋的西岸驶向彼岸，踏上了赴美留学的征途。这是一段漫长的逍遥游，面对的是波光涛影，星移月换。一天，在甲板上，晏阳初偶遇一位高大雄健、举止大方，名叫莱夫的美国人。寒暄之后，莱夫得知晏阳初要去奥柏林学院读书，便热情地向他推荐说："两年前我毕业于耶鲁大学，我看耶鲁最合适你不过了。那里有非常开明民主的校风，也可工读，可以解决生计，没有种族偏见，尤其欢迎中国学生。"

近四年的香港求学生活，使晏阳初深恶痛绝殖民地社会的阶层观念，因而也格外向往民主与平等。耶鲁的盛誉，他早已耳闻。经莱夫的介绍，他对这"最民主的大学"愈来愈向往。他知道，耶鲁与中国渊源很深，中国近代第一个留学生容闳，即毕业于耶鲁大学，大工程师詹天佑、著名政治家唐绍仪、外交家王正廷、法学家王宠惠，都是耶鲁出身。

离开香港的时候，晏阳初还想去奥柏林学院求读，现在随着海轮的西行，他终于决定到耶鲁去！

纽黑文（New Haven）小城，以它清静幽雅的神韵迎接了这万里波涛之外的东方学子。耶鲁大学就坐落在小城之中，平坦广阔，绿荫葱葱的校园，洋溢着轻松与安详。

1916年9月，晏阳初仍以晏遇春之名在这所常春藤的贵族学府耶鲁大学注册，选修政治系课程。由于港大采取英国学制，耶大规定的必修课仍得补修，只能从三年级肄业。

## 悉心感受民主

晏阳初到达耶鲁大学的时候，囊中只剩下80美元，与学费所需相差甚远。幸好学校允许分期交纳。但首先的吃饭问题，还无着落。恰在此时，学生餐厅需要一名膳券收纳员，他立即应聘。工作报酬是免费供应三餐，汤、牛奶、面包随便吃。学费，则靠为国内一家抽纱厂代销桌布、餐巾、枕套，收取一点佣金。每当课余或假日，他或上门，或借朋友举办的茶话会推销，生活费、学费都有了着落。

这是一个基督教蓬勃复兴的时代。耶大更是基督教气氛十分浓郁的学校。校内设有教堂，配有唱诗班，共有60人。晏阳初入学后即参加每周的礼拜活动。不久，唱诗班里有一空缺，需遴选候补。他马上毛遂自荐，经试唱考察，终于入选。这是耶大唱诗班历史上第一次录选东方人，中国留学生引为荣幸与快乐。每当主日礼拜仪式进行时，晏阳初站在唱诗班的队伍里，随着主持人吉普逊教授伴奏的风琴声，引吭而歌。此时，一种宁静和谐之感，充溢心灵，使他心中充满了无尽的喜悦。他不但完全被庄重虔诚的宗教气氛所感染，更为此间基督教不因肤色所拒的雅量而感动。几年前在香港教堂受到冷遇的一幕再一次浮现在眼前。

耶鲁大学，在晏阳初的人生道路上，是一个重要的历程。在这里，基督教信仰与民主科学的思想，逐渐熔铸到他的心灵与血液，定型为他人生观与世界观的主要组成部分。美国著名中国问题专家费正清博士（1907—1991）在《观察中国》一书中，指出："西方的强大，正是由于有了工业、民主、基督教这三大法宝。"[1]晏阳初留美，亲身在科学民主的社会环境里，在基督教空气笼罩的校园里，体验、感悟、吸收、融合。渐渐的，科学、民主、基督精神与中国传统的民本观念一起共同构筑了他思想体系的大厦。

如果说，晏阳初少年时在中国内地西学堂，以传教士为中介学习西学，是初识科学民主，在香港大学读书是"略窥科学门径"、"略知民主理论"的话，那么，来到美国，系统学习科学与民主，就是"登堂入室"了。

晏阳初第一次体验民主的真谛，是在耶鲁大学。尽管国内在清末民初风云激荡之际，民主政治口号震天作响，但终究是如天边的彩虹，真幻莫辨。在香港虽然略有所闻，但"百闻不如一见"，未见实践。晏阳初能有民主的切身体验，他自称主要来源于政治系塔夫脱教授的现身说法。

塔夫脱是美国第27任总统，是美国曾经叱咤风云的人物。作为政界要人、国家元首，他曾从美国的利益出发，力倡向东方国家推行基督教文明，使落后国家逐步接受"美国的文明和道德"。1913年3月卸任后，他回到母校耶鲁大学担任宪法法律讲座教授，目的是为了将他所抱的"宪法维护"与"国际和平"两大目标在有生之年对青年学生耳提面命地传授。他认定大学教授应正确地讲解有关政治经济的观念，使学生毕业后到社会能面对现实生活。他说："如果我能对青年们有所帮助，我会感到完全满

---

[1]〔美〕费正清：《观察中国》，四川人民出版社1992年版，第4页。

意。”他以极大的热诚、认真的态度开设这一讲座，融合理论与实际分题讲授，明晰扼要，极具启发作用。在晏阳初的眼中，塔夫脱就是美国民主的化身。

## 领受言传身教

晏阳初如何在美国感受言传身教？晏阳初选了塔夫脱讲美国宪法的课。此课叫他终生不忘。他感到，塔夫脱“不是教书，而是传道，传的是民主之道。不只是讲道，而是身体力行”。晏阳初想，一位总统，“卸任后欣欣然教书，体现了真正的民主精神”，听了他的美国宪法课，使自己认识美国的宪法“是这个国家最大的瑰宝，它就是民主和法治的集中体现。上自国家元首，下至黎民百姓，法律之前，无不平等。这法，合乎天理人情，所以历久弥新，远近敬服”。[1]

晏阳初认为，塔夫脱“恢宏大度，具世界眼光”。20世纪初，亚洲民主运动风起云涌。1916年美国劳工部新拟一案，授予移民局以判驳外人出境的全权，该局的判决就是终审，被判人无权再行上诉。许多华商一到美国，便被拘禁，眷属也被扣留。留美学生和生长于美国的华人，亦有被囚禁者。塔夫脱对美国境内的种种排华运动和法案，极为不满，常在课堂上为华人抱不平，指责限制华人的移民法，违背了美国宪法的精神。他引经据典，指出，宪法说“人生而平等”，移民法却不以平等待遇华人。这种开诚布公，仗义执言，不讳己国之短，视异族为同胞的态度，使晏阳初非常感

[1] 宋恩荣主编：《晏阳初全集》（第2卷），湖南教育出版社1992年版，第524页。

动。受他精神的感染，晏阳初在百忙中阅读了大量移民法和美侨资料，准备了一篇名为《从美国宪法论排华的不合正义公理》的讲稿，参加了耶鲁大学每年一度的演说比赛。虽然由于缺乏经验，没有获得名次，但通过准备，引发了他对中国民贫国弱的思考。

国内连年战乱，列强瓜分，军阀乱政，民不聊生，中国早已沦为二三流国家。中国人民不能与强国之民并肩平等，华侨不能赖祖国撑腰，寄人篱下，靠出卖廉价劳动力为生。在这20世纪以智能，以科技取胜的时代，中国只有自强，才能在世界上谋求真正的平等，才能改变中华民族悲哀的命运。国家要长治久安，世界要永久和平，当从消灭各国人民智能上的不平等、教育上的不平等做起。

晏阳初从耶鲁大学教授及同学的现身说法中，深受科学与民主的教益与影响，有了切身的体验。特别是对于他这样一个来自中国，亲身经历了专制帝制、辛亥革命、中华民国初建、袁世凯复辟帝制等种种重大变化的人而言，目睹这一曾在美国与国际政坛显赫一时的领袖人物在校园里朴实平易的风度，尤其与学生亲近的诚挚言行，怎么不令他为之感动呢？耶鲁大学肄习二年，是晏阳初科学与民主信念形成的关键时期。科学与民主成为晏阳初毕生奋斗的目标；同时，科学与民主又是他取之不尽、用之不竭的力量源泉。

## 他乡再遇故知

关于基督教文化对晏阳初的影响，内地会西学堂的受洗，使他成为一个少年信徒。姚牧师与史文轩，在他的心中播下了基督博爱的火种；香港的日课默祷、唱诗、读经，加深了他对基督的信仰；而耶鲁校园基督教气氛的熏陶，使他更深地坚定了基督的博爱精神与战斗信念。基督教的影响，促成了晏阳初的民族意识、爱国热情以及天下一家的观念的大融合。

初到美国，晏阳初就怀着报国之志，参加了一个鲜为人知，连治史者也不甚熟悉的，由中国留学生组成的秘密组织——成志会。该会以“众志成城，拯救中国”为职志，时常不定期集会，讨论救国方略。与晏阳初同期的会员有王正廷、王宠惠、张伯苓、孔祥熙、周作民等人。晏阳初心中的报国之志，不是做大官，而是成就大事业，体现儒家的仁与基督的爱。他愿在今后的生活和事业中，普施仁与爱，以仁化敌为友，以爱化苦为乐。这一时期，他偶然间读到一本灵修的小册子，是亨利·德拉蒙德的《世界上最伟大的事》。书中阐述了爱是世界上最伟大的事，爱就是牺牲自我，爱是至善、至乐、至德。书中讲述的道理，恰与晏阳初多年来所思所想吻合，使他产生了强烈的共鸣。从此，他将这本小册子几十年来始终带在身边。抚之、读之、思之，成为他灵魂的甘泉。

当时，在美国青年学生中，影响最大的两个国际基督教组织“基督教青年会”和“学生志愿往国外传教运动”，在耶鲁大学中活动频繁。这两个组织相互之间声息相通，关系密切，对晏阳初都有过重大影响。他有时乘两个小时的火车，赶往纽约，参加青年会举办的全国性活动，令他惊喜的是，在这里他重逢了巴乐满。此时的巴乐满已是北美基督教青年会的骨干。他没有忘记在香港给晏阳初的承诺——为他引荐了青年会总干事长莫特。巴乐满和莫特后来都成为晏阳初在中国开展平民教育运动的有力支持者。晏阳初与“学生志愿往国外传教运动”组织，也有接触。他结识了该组织在耶鲁大学的理事巴克（Joseph Barker）、骨干路思义（Henry Luce）以及他的儿子小路思义。这些人，后来也都成为中国平民教育与乡村改造运动的支持者。

晏阳初逐渐成为基督教会的活跃分子。他分别参加了基督教青年会（YMCA）、兄弟会（CROSS and SWORD）、斐陶会（Beta Theta Pi），并加入中国留美学生会。他严肃得体的举止，温文尔雅的学者风度，赢得了同学们的拥戴，大家公推他担任耶鲁华人协会会长。

晏阳初常去的地方，还有纽约的许芹（Huie Kin，1854—1934）牧师家。许牧师出生于广东台山，14岁只身来美闯荡，成为在纽约第一个晋升为牧师的华人。他与荷兰裔路易丝·亚尔南小姐（Louise Van Arnam）结婚。他们的第三个女儿许雅丽（Alice Ordainia），后来成为晏阳初的终身伴侣。

1980年，晏阳初、许雅丽伉俪结婚59周年留影。

# 火种寻机而发

中国近代知识分子走向革命有两个驱动力。一个是爱国主义理想，一个是对贫苦人民特别是处于社会最底层农民群众的关切。晏阳初也不例外。他希望看到一个能屹立于世界民族之林的新中国。他的“民为邦本，本固邦宁”的民本思想与强国强种的“新民教育”观，正是这爱国理想的体现。他童年时徒步翻山越岭赴保宁求学路上，与盐贩背工同行，目睹他们背负几百斤重的盐包，匍匐而行，气喘不止的情形，时刻留在记忆之中。体察民艰、关心民瘼、提裕民生、开通民智，拯救贫苦民众于水深火热之中，实行平民政治，成为他一生中时刻关心的主题。

晚年，当晏阳初回顾自己一生经历的时候说：“‘三C’影响了我的一生，就是，孔子（Confucius）、基督（Christ）和苦力（Coolies）……在我离川东下之前，三者已在我心中埋下火种，等待时机，结合而产生长远的热能和光亮。”[1] 现在，在耶鲁，在科学与民主思想的进一步滋养下，待机而发的时刻终于到来了。

1917年，第一次世界大战进入了第三个年头，美国因德国实行无限制潜艇政策而于4月宣布对德战争。一时间战争气氛弥漫全美。全美基督教青年会设立战时工作会，开展全国性募捐运动与到欧洲前线为海陆空军服务运动。耶鲁大学校园里相继设立海陆空训练班，师生们踊跃报名。举国上下的爱国热情，令晏阳初钦佩感动。8月，中国也对德宣战。限于国力，

---

[1] 宋恩荣主编：《晏阳初全集》（第2卷），湖南教育出版社1992年版，第508页。

中国未派一兵一卒去欧洲战场，但同意英法等国招雇华工到英国与法国的战区和后勤区充当劳工。当青年会发出号召，动员大学生们特别是兼通双语的中国留学生赴欧洲战场为华工服务时，晏阳初在耶鲁的学业也行将告一段落。他掂量大是大非，在爱的驱使下——爱国之心、爱人之心、爱主之心，毅然投笔从戎。晏阳初踏上走向法国战场道路的时间，是1918年6月初的一天，即他毕业典礼后的第二天。从此，他开始了人生道路的新征程。

离开耶鲁大学的时候，回首两年来的校园生活，晏阳初心中漾起一片深深的眷恋。他以无限的深情告别母校：

难忘的耶大！难忘的常春藤！在你的绿荫下，我所得的远超过一张文凭和两个春天。你使我爱上了民主的常春。这爱永驻我心，亢奋我的脉搏，雄壮我的歌声。我要唱，唱我的爱，希望唱出一个民主常春的新时代。[1]

[1] 宋恩荣主编：《晏阳初全集》（第2卷），湖南教育出版社1992年版，第508页。

# 五　发现“新人”

1918年，晏阳初（右）在法国华工营。

# 从写信开始

1918年夏，晏阳初与两位中国大学生随同美国军队乘军舰首途欧洲。在大西洋上，鱼雷满布，临近欧洲大陆时敌舰频繁出没。同行的有三条军舰，前一条和后一条均被鱼雷炸沉，唯独他所乘中间的一条军舰幸免于难。6月，抵达法国北部的布朗（Bonlogue）。在这里，晏阳初开始了平民教育生涯。

战争开始后，北美基督教青年会已在法军华工营中开展服务和福利工作。哈佛大学的中国留学生史义瑄已于1917年来法参加这项工作。晏阳初来到布朗后，立即在华工营中参加了为华工服务的工作。

布朗战区有5000名华工，他们大多来自中国北方农村，来法前受尽苦难，缺衣少食，无从上学。他们虽有刻苦耐劳的精神与正义豪爽的性格，但因不识字，没有知识。到欧洲后，成天修筑道路，挖掘战壕，运枪械弹药，掩埋尸体，劳动强度很大，语言又不通，常被军官们鞭打斥骂，奴役虐待。寂寞单调，是战区生活的写照。夕阳西沉后，华工的时间尤难打发。每一工营均有公共食堂，同时又是晚饭后的聚会所。有时这里会放电影，放留声机唱片，或大家一起做点游戏。中国学生就选择报纸上的中国动态、欧洲战况在这里口译给华工听。

一天晚上，一位华工来找晏阳初，胆怯地问："晏先生，您能不能替我写封家信？"晏阳初爽快地为他写了。第二天，又有四五个人找他写信，一个月后，每晚便有几百人了。信均很简单，报平安外，就是兑钱回家。晏阳初每天晚上写信，白天汇兑，工作量很大，相当烦琐，需要很大的耐心。几个月后，他灵机一动，召集一个群众大会，将5000名华工都拉去开会。他站在台上说："从今天起，我不替你们写信了，也不讲时事了。"台下一阵喧哗，说晏阳初真会开玩笑。他继续讲："从今天起，我要教你们识字、写信。"又是一阵喧哗。他又说："愿意学的请举手。"会场鸦雀无声。沉默一会儿后，有40多人陆续举起了手。

那一晚，是晏阳初最难忘的一晚。就在公共食堂里，他和几个华工围坐在一张饭桌旁。他面前放着一块小石板、一支石笔。他先作了一番"开学训话"：

我先教你们认数目字，这样你们才会认钱、数钱，慢慢再学汇钱。人生在

自1916年5月开始，英法等国在中国招募了大约14万华工前往欧洲服役。他们承担了挖掘战壕，装卸弹药，修筑铁路、公路、桥梁，制造枪弹，救护伤员，掩埋尸体甚至扫雷等最艰苦、最繁重、最危险的工作。

20世纪20年代的晏阳初。

世，不是为赚钱，可是为了生活不能不赚钱。你们冒险来这里，辛辛苦苦地工作，为的是赚钱养家。好不容易赚了钱，自己却不会寄回家。我愿意为你们汇钱，但是我知道，你们觉得不好意思总是求人。求人不如求己。认字不是什么难事，只要肯用心，天下没有什么学不会的事。[1]

回答是沉默，但却也没散伙。晏阳初“开讲”了。他开始教写“一、二、三、四、五……”再教阿拉伯数字。华工们跟着用手在大腿上比划，眼中闪着光，嘴中念着数，态度极其认真。见了此情此景，纵然是铁石心肠之人，也会被感动的。公共食堂里，没有讲台、没有黑板、没有课桌椅，一切因陋就简、因地制宜。工营中发给每个学员一块小石板，一支石笔。华

[1] 宋恩荣主编：《晏阳初全集》（第2卷），湖南教育出版社1992年版，第532页。

工教育就这样起步了。这是中国传统儒家教育思想“有教无类”的彻底实现和高度发挥。

## 开端惟粗陋，效果颇良好

在教学过程中，他把握着两个原则，一是因人施教，二是就地取材。他说：

教他们的目的，是帮助他们发展脑力以适应生活的需要。因此，所教的是他们生活中最常用的字、最需要的字，所谓“就地取材”，就是从生活中吸取教材，为的是密切连接教育与生活。[1]

华工们会写数字后，便开始学写自己的名字。当学会写自己的名字时，他们便高兴得不得了。他们“一遍又一遍地练习，正看侧看，得意中有一份骄傲”。然后，晏阳初便教华工们写家信，如“父母亲”、“大人”、“平安”、“健康”等。就这样，40多位“苦力”，每晚学习1小时，4个月后，其中有35位可以写家信了。为鼓励他们，他请了一位将军来主持毕业典礼。5000名华工赴会，35位考试合格者，一一从将军的手中领得一张大红纸写的毕业证书。这成了华工营的一条头号新闻，也是人类教育史上一桩破天荒的事。

首届识字班光荣毕业，5000名华工对这35人刮目相看，均羡慕万分。

---

[1] 宋恩荣主编：《晏阳初全集》（第2卷），湖南教育出版社1992年版，第533页。

第二班招生，有近300人报名。第三班招生时，报名者竟超过了1000人。

英军中主持福利工作的科尔（Bert Cole）少校来布洛涅视察，发现华工营中书声琅琅，许多华工手不释卷地专心攻读，见此情景，大受感动。他认为，所有华工应该都有识字的兴趣，而青年会的服务人员显然是不够的，所以，他返回巴黎后，即来电邀请晏阳初主持华工的教育工作。首先，他命令晏阳初教余下的5000名华工识字，为完成这一工作，他建议英军总部分函欧洲各个学校中的中国留学生前来协助。当时，一百多位中国留学生前往法国战场，教华工识字，大家熟知的、以语言文字的优美和文笔隽永著称的林语堂先生就是其中之一。巧合的是，诺贝尔文学奖获得者赛珍珠女士，仅为两位中国人做过传，其一为晏阳初，其二为林语堂。

在这些留学生还没有到来的时候，突然接到命令的晏阳初，感到压力很大。凭他一个人，纵有三头六臂，也是爱莫能助。但这是军令，岂能不从？情急智生，一种新的教学法突露曙光。他将营中华工加以编排，分组学习。由识字班的毕业生分别教导新学者。35位新教员，立即活跃于工营。这就是后来“导生传习制”的起源。这35位新教员为了要教别人识字，又怕失面子，便继续充实自己，所以不断有长进。晏阳初在《九十自述》中指出：“1920年，我回到中国，在各地推行识字运动，教学的基本原则，大致上本之于在法国所实验的。此法名称为‘导生制’，意思是以学生引导学生。”导生制实施后，在华工各营引起强烈反响，都认为这是一种扫除文盲的好办法。

华工识字的人日渐增多，阅读能力日渐提高，同时也向晏阳初提出了一系列新问题。主要的有二：一是教科书，一是日常读物。这两个问题，关系平民教育的规范化和如何巩固识字成果的问题。这些问题使他“思之再三”，并做了一些实验。他说，这些实验“对后来的平民教育起了重大的作用”。

## 新编千字课

当时在法国工营，他每天为各种繁琐事务奔忙，并且他及其他中国学生均没有编写教科书的经验。他认为旧式启蒙书如《三字经》、《千字文》虽不合现代之用，但它们简洁的文字、朗朗上口的节奏韵律与隽永的故事，仍是值得参考的。在这种情况下，他从一本中文字典及国内寄来的报纸杂志中，选择了极常用的单字和复词，再加上华工的通俗口语以及平常家信习用的词语，从中筛选出千余字，作为华工识字的基本教材。后来，他回忆说：

我在国内推行识字运动，请了许多专家编写《平民千字课》，内容与在法国用的教材差别很大，但以千余字为初学基础的概念，溯源于旅法时期。[1]

## 再办华工报

为了巩固课堂学习成绩，提供课外读物，晏阳初于1919年1月15日创办了《驻法华工周报》（以下简称《华工周报》）。这是在一战时期华工营中为华工阅读的第一份报纸，也可能是中国报刊史上第一份工人报纸。编

[1] 宋恩荣主编：《晏阳初全集》（第2卷），湖南教育出版社1992年版，第538页。

辑部里只有两个人，除晏阳初外，另一位是毕业于美国密苏里大学新闻系的傅若愚。撰写稿件、刻写钢板、跑印刷厂，皆由两人承担。纸张及印刷费，由基督教青年会承担。报纸采用石印，印数为1000份，印好后在华工营中分发。

《华工周报》创刊号上，发表了由晏阳初执笔的发刊词《本报特告》，说明本报宗旨是“开通华工的知识，辅助华工的道德，联络华工的感情”。并鼓励华工积极投稿，投稿的要求是“文字以官话为合宜，题论以进德智为标准”。这开宗明义的《特告》充满了时代的气息。德智并重，反映了东西方教育的融合。重德显然是中国儒家传统教育思想的影响。孔子一生主张“以德治国，以德育人”，强调道德教化。重智则是西方教育的传统。从苏格拉底到杜威，他们都认为，知识是生活的工具，都强调教育要授人以知识。重德轻智与重智轻德，都不是完整的教育，而德智并重，才趋于合理。以官话作为书面语言，体现了紧跟时代潮流，适应国内白话文

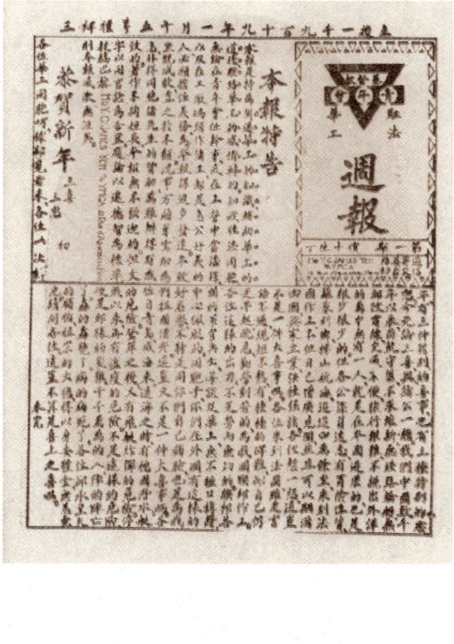
週報
本報特告
恭賀新年

晏阳初创办的《驻法华工周报》第一期。

运动与文学革命的改革精神。

《华工周报》创刊，正值1919年新年之际，所以又登载了晏阳初的《恭贺新年：三喜三乐》。文章鼓励华工要乐观对待自己的境遇，向美与善的方面努力；并要警戒自己，将思身、思家、思国结合起来。勤俭节约、戒烟戒赌、洁身自爱。要有国家观念，时刻意识到"自己就是中国全国全族的代表"，把自己的言行举止与国家的荣辱联系起来。努力增广自己的见闻，将来回到祖国，努力为兴家立业、强种强国作出贡献。

## 华工情动人，吉米[1]有思考

为了适应华工的阅读能力和兴趣，《华工周报》的内容力求简明扼要、栏目多样。旨在益智的，设"论说"、"祖国消息"、"欧美近闻"、"欧战小史"、"世界奇闻"。为了进德，辟有"名人传略"；为了联络感情，设"华工近况"等栏目。《华工周报》常举办"华工征文比赛"，题目多与国家社会有关，旨在激发华工的思想、开阔胸怀、热心公益。比如，先后以"华工在法与祖国的损益"、"什么叫中华民国"、"民国若要教育普及，你看应该怎么办才好"为题进行征文。许多华工积极应征投稿。

其中，最著名的是《华工周报》第7期（1919年3月12日）揭晓的征文第一名。作者为一个叫傅省三的山东平度县华工。傅省三说，"华工在法，还算是益处多、损处少"，原因如下：

[1] 晏阳初的英文名是James Yen。在他与好友的通信中，好友称他为吉米。吴相湘在为晏阳初做传之时，也有这种称呼。

第一，来法华工不都是良民，必在祖国作乱。

第二，华工大半是贫民，既来法国，自己衣食之外，家眷也有奉养。

第三，华工从前不知身与家及家与国的关系；一到阵前，看见外人为国为家牺牲性命，自己不知不觉地就生出一番爱国爱家的心来。

第四，从前华工只知道女子缠足为美。现在看见西洋女兵女农女医等，与本国比较，真是从前吃亏不少。若返祖国，定要改去旧日的恶习。

第五，在法国所见的军器、农器、机器不少，增广自己见识，将来回国，可开导本国人。

第六，我们工人在国内只有信种种的邪说异端，不求真理、不求实学。既来欧洲，将来回国定不能如昔日的顽固。

第七，从前以为西人高于华人，今日与他们赛脑力赛筋力，方知他们不比我们高。若回祖国再加以教育，敢望将来祖国的进步。

第八，现在和平会竟将中华天朝大国名目取消，列在末尾，并不准我国有发言权。华工从此看的淘汰激励，如梦方醒，就发起了强国爱国心；若不来法国恐怕仍在中国做梦！[1]

请注意，这些言论是一个开始识字不到一年的文盲，根据亲身感受归纳而成的；写作的时候，北京学生的五四运动还没有发生。

《华工周报》发行数月后，晏阳初收到了一封“读者来信”，大意如下：

[1]《华工周报》第7期全文刊载。此处转引自吴相湘：《晏阳初传》，岳麓书社2001年版，第24页。

晏先生大人：

自从您办周报以来，天下事我都知道了。但是，您的报卖得太便宜了，只十个生丁，恐怕不久要关门。我现在捐出我三年的积蓄，365个法郎。[1]

华工们辛勤劳动，只有微薄的收入，但竟肯用三年的积蓄支持这张小小的报纸！这笔积蓄是冒死赚的血汗钱啊。目睹华工们动人的义举，晏阳初深受感动。他憬悟到，努力解除苦力的痛苦，开发苦力的潜力，当是今后为国民服务的方向。他说："我在法国，原是想教育华工，没想到他们竟教育了我。他们的智力和热诚，渐渐引导我发现一种新人。这新人的发现，比考古学家发现北京人，也许还要重要。"数千年来，这种人被认为是没脑筋的人，没有时间读书，也没人教他们。自此而后，他立志不做官，也不发财，要把"终身献给劳苦的大众"。他发出一感人肺腑之言：

教育劳苦大众，是一种使命，也可以是教育的革命，我要为这革命而出家，就是抛弃荣华富贵。劳苦大众所需要的，不是脑筋，而是机会，受教育的机会。他们不是不可教，而是无教。

那个时候，我就想做平民教育工作。平字是一个很好的字，有两个大意义。一方面，是平等的意思。不管是黄人、白人、黑人、穷人、富人，人格都是平等的。有了人格的平等，进一步求教育的机会平等，平社会之不平。平民教育就是全民教育。另一方面，平是天下太平。如果人人无机会受平等的教育，天下不会太平。[2]

---

[1] 宋恩荣主编：《晏阳初全集》（第2卷），湖南教育出版社1992年版，第542~543页。
[2] 宋恩荣主编：《晏阳初全集》（第2卷），湖南教育出版社1992年版，第542~543页。

# 心有所寄托，路有所考量

第一次世界大战结束后，华工被遣散归国。但晏阳初的华工教育，却引起国内外人士的注目。参加巴黎和会的各国代表对此奖勉有加。华工在第一次世界大战中牺牲者甚众，不少人得了“铁十字架”奖章。华工初入法时，识字的仅占20%左右，到1920年底，识字者增至38%左右。

晏阳初立志从事平民教育，但深感自己的学识需要充实。当时美国普林斯顿大学政治研究所给他奖学金，于是他考虑返美再行进修之计。1919年6月9日，他和蒋廷黻等同登海轮，驶向大西洋西岸。至此，他在法国的工作便告结束。晏阳初说：“这一段，正是我一生事业的开端。”

他在普林斯顿大学读了一年，成绩不错，得到硕士学位，奖学金也可以继续申请。但优游林下的生活，未能使他“乐不思蜀”。恰恰相反，更加触动了他一个赤子的拳拳报国之心。他说：

美国的富裕和民主，更使我深惭中国的贫穷和落后。我怀疑，在学校里所学的，有多少可实用于中国的改革。要在中国建立民主政治和安乐社会，非一举可成，而当从基层做起，扫除文盲，普及教育。需要从下而上的革命，当时许多知识分子都有同感。虽然各党派，团体，各个人，仍在探索理论的基础和行动的方案。那是一个惶惑动荡的时代，旧的制度和观念在解体，有志之士纷纷想在新时代中一显身手。[1]

---

[1] 宋恩荣主编：《晏阳初全集》（第2卷），湖南教育出版社1992年版，第546页。

此时，胡适和陈独秀等人在国内提倡文学革命，推行白话文运动，“实已为消除文盲工作跃进一大步”。他设想，如果改进教育工具，把在法国编行的华工识字课本，重加修正，适用一般平民，同时广延博招志愿的教员，在各处举办为期4月的识字班，可望在短期内扫除中国的文盲。他还认识到，中国人家庭意识强，社会意识弱，需要一个基地，一个援助的组织。而基督教青年会素来热心于服务社会，为此，他专门到纽约拜访了巴乐满，向他提出了自己的构想。巴乐满告诉他，在上海的中华基督教青年会全国协会，当乐于援助，可与该协会总干事余日章商讨。

正值此时，家中来信，提到母亲体弱多病，这一消息，更使晏阳初归心似箭，心早飞向了阔别多年的祖国。

# 六　识字运动

20世纪20年代至40年代，中华平民教育促进会定县实验区礼堂（考棚，原为宋代贡院）。

## 学成归故乡，展翅欲翱翔

1920年，晏阳初回国护照照片。

1920年7月29日，晏阳初搭乘俄罗斯皇后号海轮，启程回国。在一望无际的太平洋海面上漂泊，海水还是那样的湛蓝，波涛还是那样的汹涌，但晏阳初的心情却与四年前大不一样。学成归国的青年晏阳初雄心勃勃。在经历了科学民主洗礼与基督教文化的深入濡染之后，他胸中的教育报国的烈火燃烧得更旺。他的人生目标已经确定。对于苦难中的祖国，他早已以身相许。回国后，不做别的事，他专心致志地办平民教育、认认真真地开启民智。他坚信“四万万同胞，勃然兴起，普及教育，人人自振，个个自新”，中华民族一定会强盛！

8月14日，俄罗斯皇后号在上海港靠岸。阔别祖国四年的晏阳初，终于踏上了祖国的土地。游子回乡，心情本该格外兴奋，但是，眼前的一切，却使他心中感到格外的沉重。黄浦江边，高大的西洋式建筑群与马路边衣不蔽体的饥民的强烈反差依旧。国家没有进步，贫困与落后仍笼罩着祖国大地。走出港区，晏阳初叫了一辆人力车拖运行李，往十六铺方向去。忽然一个洋人乘一辆马车从后面驶来，那洋人神气十足，威风凛凛。当马车将要超过人力车时，洋人扬鞭猛地向人力车夫抽打下去，随后扬长而去。此情此景，令晏阳初悲愤无比，洋人仍在中国的国土上横行霸道、作威作福。苦力在自己国家的土地上还在遭受践踏。残酷的现实更加坚定了他从事平民教育的信念。

## 拜访余日章

回国后的晏阳初，满腔热血，一门心思要把在法国开创的劳动群众的教育事业，在国内推进。茫茫海宇，当从何处入手呢？此时，国内已是五四运动之后，科学与民主被提到头等重要的地位，国民教育虽然也开始引起人们的注意，但还只是零星的、慈善性的、以儿童为范围的。以一般苦力为对象的平民教育，虽有北京大学平民教育讲演团以及蔡元培、邓中夏、罗家伦等人的倡导，却多为思想理论的宣传，而非身体力行的实施。一些早期的马克思主义者，在对庶民地位与权利的张扬中，也阐发了平民教育的思想。但用系统的、科学的方法，有组织、有系统地从理论的研究到具体的实验推行，还未见到。显然，这是一项艰巨的社会工程，需要借助团体或机构的力量。

根据离美前巴乐满的建议，晏阳初立即赶到中华基督教青年会总部，拜访了总干事余日章。

余日章（1882—1936），湖北蒲圻人。早年毕业于上海圣约翰大学，后赴美留学，入哈佛大学攻读教育，获硕士学位。武昌起义后，组织红十字会，自任会长，并充任黎元洪临时大总统的英文秘书。1917年脱离政界，接替王正廷出任中国基督教青年会总干事。

此时，余日章正在为青年会物色人才，他早已知道晏阳初的经历，所以当即邀请晏阳初参加青年会。晏阳初告诉余日章："我很钦佩青年会的工作，但是，我的志向是办平民教育，把在法国开始的事业继续在国内推展起来。"看到晏阳初的决心如此坚定，余日章说："平民教育是一项很有意义的工作，青年会将全力支持。现可在会内增设一个‘平民教育科’，就请你来主持。青年会总会设在上海，人力、物力供应都较为方便，其中，青年会美籍人员饶伯森和彼得医生也都倡导用图表、仪器、幻灯片等工具作为教学辅助工具，倡导视听教育，让他们协助你好了。青年会在各大中城市都设有分会，他们也会协助你在各地开展工作的。”

## 开展调查，夯实基础

晏阳初为青年会平民教育科制定了“用科学方法研究问题，解决问题，以实用为目标编写教材，进行教学”的工作方针。晏阳初首先对当时散布在各地的贫民学校、工读学校进行缜密的调查，详细考察它们实施的情形。经过调查，发现在中国举办平民教育有三大困难。第一是“穷难”——老百姓贫穷，一天到晚忙于生计，没有钱支持他们去受教育；第二是“忙难”——他们终日忙碌，没有多余时间接受教育；第三是“文难”——中国文字难认难写。解决“三难”的对策，就是举办经济的（以最少的金钱，收最大的效益）、简单的（以最短的时间，获最充分的知识）、基础的（教授最适用的读写知能）民众教育。因此，平民教育的第一阶段工作，就须以识字运动的姿态出现。晏阳初认为，目前急需干的几件事情是：

第一，“选字”。中国文字数以万计。清代出版的《康熙字典》收有汉字47035个字，一般的中国人，没有可能，甚至也没有必要全部学会。生活中常用的汉字有3000多个，但要求已成年的中国文盲掌握这3000字，也绝非易事，必须再经过最大限度地精简。这是一项费时费力的大工程。晏阳初前后动员了50多人，搜集当时民众日常使用的有关文件以及白话文书刊，如小说、戏剧、民歌、账簿、文契、告示、街名、商店招牌等等，共搜集了150万字的材料。统计每个字出现的次数，选取出现频率较高的字，确定为常用字。再从常用字中筛选出出现频率最多的字1000多个，作为基本字。

第二，编教材。这是更困难的事，要按照平民大众的接受能力，还要考虑到课文编排顺序“先易后难”的原则，并需注意内容的精炼。经过合作和努力，晏阳初初步编出白话文课本《平民千字课》两册，以供急需。

第三，选定地区实验试用。这是一件看起来十分简单，但一旦实施起来却十分复杂的事情。

## 长沙走在前

第一个选定的实验地区，是湖南长沙。1922年的春天，晏阳初与工作人员抵达长沙。工作步骤分五步：（1）分别拜访当地各界领袖、社会贤达，说明来意，请求支持帮助。（2）扩大宣传，发动全城大中学校学生游行宣传，张贴宣传图画、散发传单，上街直接向民众宣传。组织中小学生与各界青年代表游行，向街旁群众喊话：“你们识不识字？”“不识字就是瞎子！”“我们办平民学校是为瞎子治病的！”（3）招生。游行后的第二天，他们把大中学生组织起来，将长沙全城分为52段，分头挨家挨户去动员劝说。一连三个下午，共招到1300多人。（4）找校舍。工作人员与学生骨干，分别去借行会、机关、寺庙、居民的空闲房屋。由于各界对动员民众识字有了认识，纷纷支持，校舍顺利解决。（5）请教师。共需要150名教师，晏阳初召开了全市中小学教师会议，进行动员，讲明开展平民识字教育的意义，并申明工作完全是义务的，没有任何报酬。他请愿意义务教学的人站起来。结果全体到会的教师都站起来了。所需150名教师的问题顺利解决。短短十多天，五十多处平民教育就办起来了。

五十多处识字班同时开学。条件极差，课桌椅、黑板、纸笔都不齐全，但教师与学生热情高涨。万事开头难，教学中困难重重，在一个城市内如此大规模地开展识字教育，没有先例、没有经验，问题也在所难免。这一消息传至全国，就招致许多非难、反对。有一些顽固的旧派人物，站出来指指点点，甚至在许多报纸上，冷嘲热讽、攻击诋毁。如责难用白话文教学，反对采用简笔字等等。但是，这一运动受到了许多开明人士热情肯定，特别是受到广大民众由衷的欢迎。这给晏阳初以极大的鼓舞。

在法国的华工教育中，晏阳初迎合时代的进步潮流，创造性地运用白话文首创劳工识字教育，与国内新文化运动大众化、民族化、民主化的方向不谋而合。现在回到国内推行平民教育，晏阳初仍坚持改革的方向，坚决地倡行白话文教学，采用简笔字与注音字母。从一开始就避免了文言文教学中的缺陷——模仿古人的表达方式，运用古人的语言工具表达今人思想，误导被教育者背离现实的经验世界的错误。这是一种思想方式的转变，它反映了晏阳初和他的同道者们，已经走出了传统文字教育筑成的高楼，而扎扎实实地回落到了人间。

在学界朋友们的帮助下，《平民千字课》的续编修订工作也在进行。朱经农、陶行知、瞿菊农、孙伏园等人积极参加。以后在试用中，他又不断充实提高，一套崭新的、面向新对象、包含新内容、运用新方法的平民千字课本逐渐完善成型。这成为了中国近代教材史上的新篇章。

长沙的平民教育进行了四个月，第一期毕业的有956人，学生年龄从14岁到58岁，来自52种不同的行业。举行毕业典礼时，省长赵恒惕发授毕业证。打赤脚的民众，有史以来第一次领到过去秀才才可以领到的文凭，开辟了中国教育的一个新纪元。长沙的平民教育工作走在了全国的前头，随即产生了长沙平民教育促进会等组织，继续推进识字运动。几年后，受过识字教育的平民有20万之多。青年毛泽东也曾参加了长沙识字教育的宣传工作。

## 烟台继其后

继长沙之后，1923年春，山东烟台基督教青年会电邀晏阳初前往烟台推动平教工作。该地已于半年前成立了平民教育促进会，机构已臻完善，加上有长沙的经验，晏阳初抵达烟台后，工作颇为顺利。他先组织了50个团体的1.5万人参加游行宣传。第一期招收学生2000多人，开100多个班，聘请义务教员100人，于7月底结业，毕业学生1500人。

毕业典礼选在8月1日举行，曾任国务总理熊希龄的夫人朱其慧女士特地从北京赶来，为毕业学生颁发"识字国民证书"，并在大会上讲演。她十分感慨地说："今天这样的毕业典礼，我从未见过，使我非常感动。毕业生中有64岁的老婆婆，有十来岁的小孩子，有372名家庭妇女，有打着赤脚的泥腿子，有男的，有女的。这才是真正自由平等的平民教育。这才是实现人民政治的真正方法。"

她越讲越激动，最后表示："我要发一个深心大愿，从今天起，我要把自己的精力贡献给平民教育的事业！"[1]

---

[1] 陶行知、朱经农主编：《平民千字课》，1923年刊行于上海。

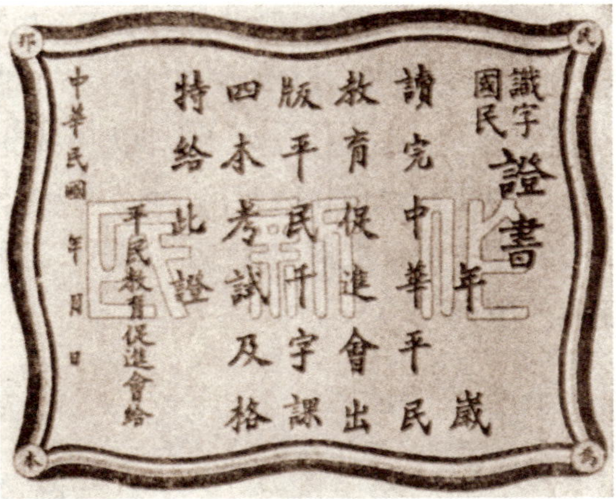
識字國民證書
年 歲
讀完中華平民
教育促進會出
版平民千字課
四本考試及格
特給此證
平民教育促進會給
中華民國 年 月 日

1922年起，在长沙、汉口、烟台、嘉兴以及奉天等地掀起平民识字教育实验，结业合格者发给识字国民证书。

朱其慧（1876—1931），字淑雅，江苏宝山人，是北洋政府财务总长。她支持协助熊希龄创办时务学堂、湖南西路师范讲习所、北京香山慈幼院等新式教育机构。她于1922年加入中华教育改进社，后任中华平民教育促进会董事长。朱其慧以缠足之“名门淑女”，平生不畏艰难，热心教育事业，对教育工作赞助颇多，在教育界享有很高声誉。对晏阳初的平民教育尤其给予关注与支持，出资出力，在所不辞。在烟台平教工作之后，朱其慧又在晏阳初的陪同下，利用自己的社会地位与影响，亲赴嘉兴、武昌、南京、杭州等地协助推进平民教育运动。

嘉兴的平民识字运动中，香山中学创造了幻灯教学的新方法。这也许是中国最早用幻灯机等先进工具，展开教学的案例。课堂上教学次序为先画片、次课文、后单字。如教一家人吃饭的教材，教师先用幻灯在幕布上打出画面，询问画面上所表示的人物与活动；然后进行“一家人有男的有女的有老的有少的一同吃饭”的课文教学，反复领读；最后再教认单字，进行复习。教学过程符合由已知到未知的教学原理，这一教学过程约需40分钟。教室可容纳听讲学生200多人。

长沙、烟台、嘉兴三个人文环境各不相同的城市，晏阳初等人应用科学方法作开展平民教育的比较研究，异中求同，获得若干可适用于全国的原则与方法。一时间，大江南北大中城市，平民识字运动蔚然成风，成千上万的男女民众涌进了平民学校，成为中国近代教育史上的一个壮举。著名社会人士熊希龄、梁启超、胡适之、陶行知、袁观澜、蒋梦麟等也积极参与其间。

## 众愿成总会

为适应全国范围内兴起的平民教育运动的需要，亟须成立一总的领导机构加以协调与推动。

1923年5月，朱其慧邀请晏阳初、陶行知、朱经农、袁观澜、傅若愚等，在上海沧州旅馆召开了筹备会议，讨论了将平民教育推行于全国的计划。他们决定改编《平民千字课》，由朱经农、陶行知负责，聘请教育专家刘伯明、任鸿隽、王云五、卫廷生、郑宗海、陈启天、王伯秋、陆志韦、朱君毅、陈鹤琴等参加。修改后的《平民千字课》，于1923年11月由商务印书馆出版。共计4册96课，供每日1小时，96日或16周教学之用。每册千字课的扉页刊载“目的”，包括三项：“（1）培养人生与共和国民必不可少的精神和态度。（2）训练处理家常信札账目和别的应用文字的能力。（3）培养继续看书读报和领略优良教育的基本能力。”[1]

[1] 宋恩荣主编：《晏阳初全集》（第2卷），湖南教育出版社1992年版，第261页。另见吴相湘：《晏阳初传》，台湾时报文化出版企业有限公司1981年版，第62~63页。

1923年8月21~26日，在北京清华学校（今清华大学），朱其慧主持召开成立会议。晏阳初在会上致词，阐述平民教育之宗旨、真义、要项，强调平民教育“不仅是中华民国的教育事业，且系全人类四分之一的平民教育事业”。会议通过简章，宣告中华平民教育促进会总会正式成立，选举朱其慧为总会董事长，陶行知为董事会书记，晏阳初为总干事，主持工作。经朱其慧恳切函商，余日章忍痛割爱，准予晏阳初辞去中华基督教青年会工作。总会机关设在熊希龄、朱其慧捐助的北京石驸马大街22号宅院内。

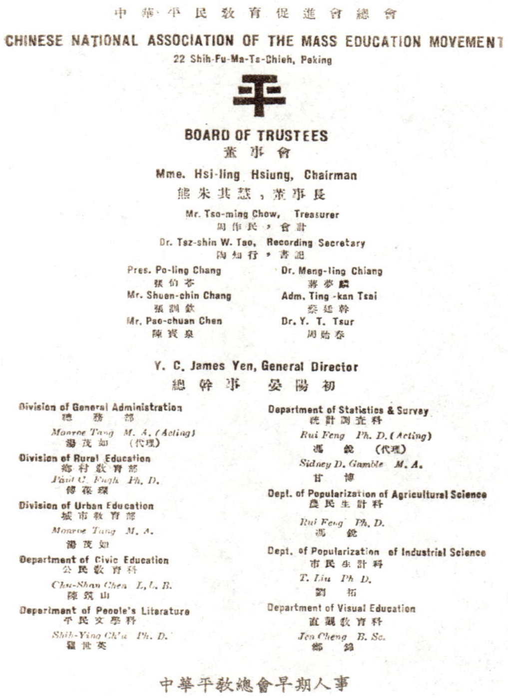

中華平民教育促進會總會

CHINESE NATIONAL ASSOCIATION OF THE MASS EDUCATION MOVEMENT

22 Shih-Fu-Ma-Ta-Chieh, Peking

平

BOARD OF TRUSTEES

董事會

Mme. Hsi-ling Hsiung, Chairman

熊朱其慧，董事長

Mr. Tso-ming Chow, Treasurer

周作民，會計

Dr. Tsz-shin W. Tao, Recording Secretary

陶知行，書記

Pres. Po-ling Chang
張伯苓

Mr. Shuen-chin Chang
張訓欽

Mr. Pao-chuan Chen
陳寶泉

Dr. Meng-ling Chiang
蔣夢麟

Adm. Ting-kan Tsai
蔡廷幹

Dr. Y. T. Tsur
周詒春

Y. C. James Yen, General Director

總幹事 晏陽初

Division of General Administration
總務部
*Monroe Tang M. A. (Acting)*
湯茂如 （代理）

Division of Rural Education
鄉村教育部
*Paul C. Fugh Ph. D.*
傅葆琛

Division of Urban Education
城市教育部
*Monroe Tang M. A.*
湯茂如

Department of Civic Education
公民教育科
*Chu-Shan Chen L. L. B.*
陳築山

Department of People's Literature
平民文學科
*Shih-Ying Ch'u Ph. D.*
瞿世英

Department of Statistics & Survey
統計調查科
*Rui Feng Ph. D. (Acting)*
馮銳 （代理）
*Sidney D. Gamble M. A.*
甘博

Dept. of Popularization of Agricultural Science
農民生計科
*Rui Feng Ph. D.*
馮銳

Dept. of Popularization of Industrial Science
市民生計科
*T. Liu Ph. D.*
劉拓

Department of Visual Education
直觀教育科
*Jen Cheng B. Sc.*
鄭錦

中華平教總會早期人事

中华平教总会早期人事。

总会成立之后，平民教育运动又有了新的进展。继城市平民教育运动之后，总会又举办了妇女识字与士兵识字运动，其中军队的识字运动颇值得一记。

1922年5月，第一次直奉战争之后，奉军主帅张作霖即已认识到“乌合不教之兵不堪作战，无学识的将校尤不足指挥”，故决定锐意革新，严加整饬，令长子张学良主持改革。晏阳初适时地找到张学良，说明识字教育的旨趣与方法，商定实施计划。1924年夏，奉军系统内强迫教育计划开始实施，成立了士兵识字教育委员会，由张学良任主席。首先进行了识字能力测验，结果发现士兵中84%的人是文盲。晏阳初采用法国华工营中的“导生制”办法，在军营中指定官长为教师，识字士兵担任助教或指导。

20世纪30年代中期，定县平民教育中的小先生制。

1924年，晏阳初与张学良等在一起。

每日上课两小时，第1小时由官长用幻灯教学，第2小时将各营文盲分组，每组15~20人，由助教个别指导。巴乐满应邀来奉天参观。配合军队教学，他们还编印了士兵用《平民千字课》5万套，并刊行了《士兵周刊》，该刊图文并茂，受到广泛的欢迎。

## 定县已在望

在法国时期，晏阳初就已认识到，华工营中的苦力绝大多数来自中国的乡村，乡村就是中国的缩影。所以，乡村平民教育是救国建国的根本。这一思想体现在了中华平民教育促进总会的机构设置上，总会特设了乡村教育部，聘请曾在法国主持《华工周报》的傅若愚任主任。该部与总务、调查研究、平民文学、推广与训练、供应与设备五部并列。同时，总会将全国划分为华北、华南、华中、华东、华西、东北、西北七大区，分别进行普遍的提倡与集中的提倡。目标是：在农村完全消除文盲；引入卫生保健方法；实施农业改良。

1924年11月，总会确定河北省的保定道20个县和宛平县、通县、获鹿县为农村平民教育的试点。晏阳初与傅若愚先后徒步穿行于这些乡村，作实际推动。他们为了配合识字教育，在《平民千字课》之外，又编印了《平民常识》，创刊了《农民》旬刊。《农民》旬刊成为中国历史上第一份农民报纸。该报登载有关农业生产与农民生活的常识，对农民进行科技教育。如1925年5月11日出刊的一期上，第一篇文章是傅若愚（葆琛）写的《一个种树的好教训》，该文记述了民国六年（1917年）洪水冲坏了定县境内沙河堤，灾后重修河堤时，种上了树。1924年，沙河再次发大水，河堤旁的部村，因平日注意保护堤树，护堤完好，所以免受水害。而15公里外的另一个村，因乱砍滥伐毁坏了河堤，结果全村都被大水所淹。文章提醒广大农民，绝不可因眼前利益而乱砍树林，要注意保护树木。

农村平民教育的实验取得了很大进展。以保定道20县为例，到1926年冬的两年间，先后接受平民教育的农民达5万余人，共有三届毕业生（3000余人）。

这是中国教育史上，在农村集中开展农民识字教育运动的一次实践，同时也是晏阳初面向农村进行教育改革与社会改革的预演。

# 七　渐变？突变？

我们在回顾和审视晏阳初定县实验的意义之前，有必要看一下当时的相关社会历史。虽然他还在法国时期就已认识到，华工营中的苦力绝大多数来自中国的乡村，所以，乡村平民教育是教育救国的根本。但他回国后，并没有马上就到农村去开展平民教育，特别是农村识字教育。那么，他后来深入农村，深入农民开展综合的平民教育，并为这一事业奋斗一生，这种信念是怎么出现的呢？

这一认识是突然出现的，还是逐渐形成的？走向农村的行动是偶然的，还是必然的？令人吃惊的是，晏阳初所领导的中华平民教育促进会几乎和其他所有乡村建设运动的组织一样，都在大致相同的时间内，把总部从城市迁往农村。

1932年，晏阳初夫人许雅丽（后排右一）及平教会家属与定县乡村托儿所教师、孩子们在一起。

# 注意1927年

从事平民教育的晏阳初，应该有一个平民的身份和本色。他必然应该是我们和当时的普通民众能够企及的人，才可能把事业做大，把事情做好。一个圣人在世俗事务上，是不可能有轰轰烈烈的表现的，所以，在他从城市走向农村这个关键的问题上，我们不主张把晏阳初神化。

与光环之下的晏阳初不同，真正的晏阳初不过是当时时代精神的一个体现。他仅仅是乡村建设运动中的一颗耀眼的明星，而且在和其他的耀眼明星一起，共同完成了时代的任务。有人统计，当时大约有700个致力于乡村工作的各种组织。[1]这些组织从事着大致相同的事业，晏阳初并不比他们高明。而且就从事平民教育而论，晏阳初也不是第一个。陈青之在其《中国教育史》中说："中国人注意乡村教育始于民国十二三年，当时有余家菊、傅葆琛、喻谟烈等人……民国十四年（1925年），中华教育改进社在山西开年会，正式提议建立乡村建设组，以便推行乡村教育。"但同时，他又说："他们这些人，此时所用力的不过是纸上谈兵，未尝在实际上作乡村教育的工作。""由研究的工作进入实际的工作，代表人南方有陶行知，北方有梁漱溟。""除陶梁二氏外，施于实

---

[1] Ho, Franklin L.: "Rural Economic Reconstruction in China", *Nankai Social and Economic Quarterly* , 9(2), July 1936.

20世纪30年代，定县农村传统体育竞技表演（横标：用科学方法去种地）。

际工作的，还有晏阳初氏。晏氏本是在北京创办平民教育的主要分子，自（民国）十八年（1929年）起，始把城市的工作转移到乡村……后来者居上，他们的成绩已驾晓庄与邹平之上了。”[1]可见，晏阳初本人也许是把一个他认为正确的事情做好的典型，不是生而知之，亦不是先知先觉。

在中国乡村问题上，1927年无疑是一个值得关注的年份。晏阳初和其他乡村建设路线的明星们一样，在这一年巧合地、如同天意安排一般，把重心从城市转向农村。“虽然30年代是乡村建设的全盛时期，但大多数人在1927年就觉悟了。”[2]陈青之也说：“自民国十六年（1927年），国人对于乡村教育的空气渐渐浓厚起来了。”[3]在这一年，梁漱溟才最终敢相信乡村运动的

[1] 陈青之：《中国教育史》，商务印书馆1936年版，第785~789页。
[2]〔美〕艾恺：《最后的儒家——梁漱溟与中国现代化的两难》，江苏人民出版社2003年版，第164页。
[3] 陈青之：《中国教育史》，商务印书馆1936年版，第785页。

可能性；这一年，冯玉祥开始支持乡村计划，彭禹庭的团队开始形成，陶行知建立了他的晓庄师范；这一年，沈定一也在他的家乡浙江北部的东乡开始了乡村改革和地方自治工作。其他几个改良组织和知识群体也在同时并且是独立地（用梁漱溟的话说，如同天意安排一般）将他们关于东方都市的设想移植到了农村。当时人评价：“就连最著名的晏阳初的中华平民教育促进会也将工作的根据地转移到了农村。”[1]这一年，中华职业教育社也将注意力集中在乡村工作上。我们或者可以这样说，1927年是乡村建设开始从理论走向行动、从研究走向实践的重要转折点。

对此，艾恺的解释是：“一定是有几个因素合在一起，才使对中国的这种注意极大地增长起来。”拉蒙·迈尔斯在解释1927年的特殊意义时，不仅列举了20世纪20年代以前就出现的各种趋势，还提到1931年世界经济萧条带来的影响。也就是说，是综合的因素导致了人们把视线从大都市转移到农村。

## 巧合？

纯粹的历史唯物主义并不认为一个重要的社会历史事件是巧合。对中国而言，1927年中国社会大格局的变化，也并不是一个巧合。当时的大知识分子群体开始把精力投入到农村改造，很大程度上是社会历史的原因，具体说，就是战争等重大事件的影响。请注意，影响中国后来革命道路的北伐战

[1] 艾恺注释说，平教运动1926年就在翟城开始了，但在1929年晏阳初出国筹款归来以前，它还没有广泛开展工作，也没有形成一个乡村改造的实验中心。另见孔雪雄：《中国今日之农村运动》，上海中山文化教育馆1934年版，第67~75页；冯锐：《平教总会与兴办乡村平民生计教育之理由方法及现状》，《教育杂志》1927年9月号。

争，此时正打得火热。从战争的角度来说，战争必然导致农村的凋敝，知识分子走向国家稳定与发展的基础地区，建设社会的根基——农村乃是必然的选择。

中国近代是从封建走向民主的动荡时期，决定了需要有几个回合的社会流动和社会交流，城乡之间、各个阶层之间、中外各股势力之间，都必须为彻底改变一种根深蒂固的社会结构而交流鼓荡。1924年秋，曹锟“贿选”大总统，引发了冯玉祥的北京政变。但冯玉祥的威望不足以稳定政局，他邀请孙中山北上。然而，等孙中山抵达北京时，冯玉祥已经与张作霖商定，接受段祺瑞进京任北京临时政府执政，并废除了曹锟宪法，终止《临时约法》和取消国会。孙中山主张召开民选的国民会议，但是段祺瑞却仰仗实力欲行独裁，于

20世纪30年代初，定县乡村建设实验区训练班第一组下课后留影。

1925年2月1日强行召开善后会议。孙中山多方周旋，心力交瘁，于3月12日溘然长逝。当时，与北方的封建独裁力量相抗衡的南方民主力量经过几番争吵，在广州成立国民政府，誓师北伐。

## 社会根基和常识

北伐开始没多久，北伐军就表现出胜利的态势。北方的各大城市笼罩在战争的阴影中，城市的事业和工作随时有可能中断，形势逼迫改良主义的阵地转向农村。

另外一方面，从社会的客观背景来说，北洋军阀连年混战，中原地方的农村已是民生凋敝，恰好这个时候的北伐，迫使各种力量去思考中国未来的出路。当时的客观环境自然让有识之士认识到，不夯实农村的基础，一切的民主、一切的救国、一切的发展都是扯淡。

就战争而言，毫无疑问，战争的双方——广州国民政府、北洋军阀肯定会以城市及其险要关隘为战场，目标也是争夺城市。所以，与战争无关的人士、闲杂人等走向农村也是十分正确的和明智的。战乱年代的教育问题，显然应该在农村和非战场进行。这和抗战期间，中国各大学内迁西南，创立西南联大没有本质的区别。

走向农村成为必然的选择。为挽救战争中饱受创伤的中国、夯实国家发展的基础，在农村开发民力肯定是一个十分重要的领域。乡村建设和平民教育于是从城市走向农村、从理论走向实践、从书本走向田间地头……

# 八　定县实验

晏阳初或许不自觉地感悟到这种时代的无声呼唤，但是，我们更愿意相信，那是晏先生的头脑在与时代变迁的洪流相碰撞的过程中，萌生出走向农村的自觉意识。平教总会显然也是在经历了一系列的失败之后，认识到未来中国的出路在农村。晏阳初作为这一组织的灵魂人物，在认准乡村平教工作是正确的之后，把自己的一生都奉献给了农村建设事业。历尽万难终不悔，深受诘难志更坚。

1932年，平教会成员和家属合影。前排右起第十、十一为晏阳初夫妇。

# 发现和进入翟城

早在1925年，平教总会就在通县筹备集中的农村平民教育实验，但因军阀战争延绵未断，而被迫中止。他们并不气馁，积极物色更为适当的地区以便继续。恰在此时，一本《翟城村志》的书引起了晏阳初的兴趣。

翟城村位于河北省定县的东部，以米姓人口居多。清朝末年，乡绅米鉴三应顺天府乡试，没有考中，返乡后发誓不再参加科举，并严令子弟也不准再涉足科举。米鉴三出资在翟城村全力倡办国民学校、半日学校、女子学校，成绩斐然。其子米迪刚从日本游学归来后，继承发展父业，在翟城村大办地方自治事业，创建自治公所、自治讲习所、通俗演讲所、图书馆、爱国会等，被省县标为“模范村”。但这些乡村建设的成果，终因内战迭起，人事纷更，不能长久维持而告失败。米迪刚愤而移居北京，自此精神颓靡，染吸毒品，不问国事。晏阳初了解到这些情况后，立即赶往米宅拜访。

米迪刚对近年来平教总会推行平民教育运动的情况，也早有耳闻，双方一见如故，谈话自然十分融洽。晏阳初开门见山地直述来意。他说：“我们想选择一个县，在农民兄弟中开展平民识字教育的实验。但我们并不以此为满足，最终想使农业科学普及于农村，对农村进行全面的建设。我们将集中人力与物力投入这个县境内，工作一二十年，甚至三十年，将这个县建设成20世纪中国所需要的模范村、典型县，然后把它的经验推广到全国，推动全国

1930年，定县平民初级学校在上课。

平民女子学校上课场景。

的农村建设走上新的台阶。”米迪刚在问了几个关键的问题、并得到晏阳初肯定的回答后，他被晏阳初的计划深深吸引，爽快地说：“这是建设中国的一条很切实的道路，也是一条很必需的道路，我将尽全力帮助你们，欢迎你们到定县去，就在那里去创造改造乡村、建设国家的经验吧！”

定县（今河北省定州市）位于河北省西部，距北京西南约200多公里，在京汉铁路线上，居保定与石家庄之间。全县面积1274平方千米，可耕地160万亩。这里，土地肥沃程度属于中等，在华北平原农业区颇有代表性。全县分六个区，当时包括大小村落453个，住户70034家，人口40万。其中男性占51%，女性占49%。县内人民90%从事农业，其次为经商或手工业。定县地处华北一隅，并无特别优越的自然条件，但在历史上却有着相当显赫的地位。“自唐建国以来，历代皆占重要位置，视为河北重镇，地势冲要，兵家所争。” 这里成为拱卫京畿的要塞。

在与米迪刚达成一致意见后，1926年10月，平教总会在定县设立了办事处。米氏父子与平教会商议，决定划出以东亭镇为经济中心的62个村为第一批乡村社会实验区。为大规模的乡村改造试验进行先期准备工作，傅葆琛、

1930年，平教会定县实验同人合影。后排右起依次为李景汉、韩博士、瞿菊农、郑耿裳、晏阳初、陈筑山、王贺宸、张世文、汤茂如、冯梯霞、姚寻源。

1934年，定县平民学校露天课堂。

定县考棚前照壁。

冯锐、刘拓三位留洋归来的博士与一些平教会的其他同人，率先来到定县，开展前期工作。

20世纪二三十年代的中华平民教育促进会总部——定县考棚。

经过四年的准备，晏阳初与平教总会的全体人员及其家属于1929年的秋天，全部来到定县。为求工作开展的方便，总部就设在定县城内的考棚，因为这里是宋代建成的贡院，是科举考试的场所。工作人员分散住在租来的民房里。众多的留学归来的博士与国内知名学者、青年知识分子，拖家带口，离开都市走向农村，来到穷乡僻壤，进行大规模的、整体的农村改造的实验工作，可谓首开社会风气之先。这就是历史上著名的“博士下乡”运动。中国高级知识分

1933年，
陈筑山和甘博
在定县。

子第一次实践了“回到农村”、“回到民间”的口号，标志着中国文化人观念的深刻变革——与官本位封建意识的彻底决裂。

然而，与封建官本位思想意识决裂不是晏阳初定县实验的目的。他的目的不是除旧，而是迎新。他真正的工作，“是要找出一套县单位的教育与建设的原则、方法、技术与制度，希望能推行到各省县”。所以，在实施这一计划的时候，晏阳初等人的科学主义倾向是十分突出的。后有来者认为，“晏阳初的乡村改造在国内外之所以行之有效，除了正确的目标、献身的精神外，第三个要点，是晏阳初开始就充分了解如何将西方自然科学研究实验的方法，应用于乡村改造的重要性”。此程序和方法，晏阳初一生贯彻执行。直到1980年，晏阳初在国际乡村工作领袖讲习会的结业仪式上，他说明乡村改造工作的三大要素时，仍将“怎样认识科学和技术”视为第一要素。

西方科学主义的一大基本特色是科学简单化和制度化。当时的情况是，只有简单，中国平民才能掌握；只有形成制度，中国平民才能持续地应用。为寻找简单的科学方法和制定系统的实施计划，西方科学主义认为，第一步应当是调查。

## 调查先行

来到定县，最先开展的就是社会调查。平教会认为，所谓社会调查，即“以有系统的科学方法，实地调查定县一切社会情况，使我们对于农民生活、农村社会的一般的与特殊的事实与问题有充分的了解与明了的认识”。深受西方科学思想影响的平教会，认为只有以调查为基础，才能根据事实规划制定切实可行的方案。

1934年，定县实验时期的平教会同事。

社会调查工作，前后进行了四年。前期由冯锐（美国康奈尔大学农学博士）主持，后来由李景汉（美国哥伦比亚大学社会学硕士）主持。美国社会学家甘博也参加了这项调查并给予了实质性的帮助，后来，他还多次到定县考察，现在能够见到的许多影像资料，就是甘博先生提供的。这是中国历史上第一次用现代社会学原理及方法进行的以县为单位的实地社会调查。当时，晏阳初与平教总会认识到，中国大约是由1900多个县构成的。平民教育既然是要从基础上改进整个的民间生活，县是最合宜的单位。一个县就是一个广义的共同生活区域，为若干隶属的共同生活区所构成——乡区与村庄。这是最大多数人民的着落地。一切改造工作必须从这里入手。

调查内容，极为广泛周详。包括定县的地理（疆域、地势、山川、区划、土壤、气候）、历史（起源及沿革、古迹）、县政及团体、人口（人口总数及分布、年龄及性别之分布、家庭大小与亲属关系、婚姻状况、职业、宗族）、教育（文盲及识字人数、小学与中学）、健康与卫生（食品、衣服、住房、普通卫生及健康状况）、农民生活费（农家经济概况、衣食住行燃料、生活费用、杂费）、乡村娱乐（儿童与成人娱乐、秧歌、大戏、新年娱乐）、乡村风俗与习惯（婚、丧、年节、迷信）、信仰、赋税、财政、农业、工商业、借贷、灾荒（水、旱、雹、霜、虫、疫）、战争与兵祸等等。

实地调查中，困难重重。农村人民饱受乱世战争兵痞灾害，心存戒心，不愿接受调查。每有来访询问，疑为征兵、拉夫、派捐派差、传教入会，或关门相拒，或敷衍搪塞，常常不以实情相告。为了取得农民的信任，解除他们的疑惧，平教会先行开办平民学校，从平民学校的毕业生中培训调查员，调动本地人参加调查工作。分头与各村村长及村中领袖接洽，争取他们做向导。经过几年艰苦细致的工作，终于获得理想结果。中华平民教育促进会编辑出版了定县社会调查丛书，计有《定县社会概况调查》（李景汉，1932）、《定县农村工业调查》（张世文，1936）、《定县秧歌选》、《社会调查讲演挂图》、《实地社会调查方法》、《定县土地分配调查》、《定县人口调查》、《定县家庭手工业调查》、《定县农村借贷调查》、《定县农民家庭卫生调查》、《定县农民生活费调查》等等。

## 对症下药

根据社会调查结果的分析，晏阳初与平教会结合他们在法国华工营的感受，综合总结了多年来对中国社会问题的认识，提出了他们的结论。他们认为，中国农村的问题，千头万绪，但是基本的问题可以用四个字来概况，就是“愚、穷、弱、私”。

所谓愚，就是中国大多数的人民，不但缺乏智识而且是目不识丁，80%的人是文盲。所谓穷，就是中国大多数的人民，在生与死的夹缝中，谈不上什么生活程度、生活水平。所谓弱，就是中国大多数的人民，体弱多病，生死存亡，付之天命，谈不上科学治疗与公共卫生。所谓私，就是中国大多数人民不能团结、不能合作、缺乏道德陶冶与公民训练。

由于有这四种基本缺点，所以任何建设事业都无法进行。要从根本上解决这四个问题，需要开展“四大教育”，并采取“三种教育方式”，以利推动。他们认为，中国农村的四大问题，都不是孤立存在的，而是相互影响的，互为

1931年，定县平民教育宣传游行。

因果的。四大教育必须连环进行，相辅相成，才能收取效果。

根据调查结果，平教会制订了定县乡村建设十年计划，拟分三期进行。后因日本军侵占东北，并策划华北特殊化，拟制造第二个“满洲国”，形势十分紧迫。晏阳初结合世界反法西斯的趋势，为唤醒国人，加紧实验，故改行“六年计划”，筹款计划和行动方案因此都有所调整。

## “四大教育”

四大教育分别是，文艺教育、生计教育、卫生教育和公民教育。它的具体内容分述如下：

### 1. 文艺教育

文艺教育的目的，旨在解决中国社会“愚”的问题。它要求从文字及艺术教育着手，在文字中包含文学性，在艺术中包含艺术性。使人民认识基本汉字，得到求知的工具，以此为接受一切建设事务的准备。平教会在定县依次进行了：

文字的研究工作。根据农村的实际与特点，重新制定通用字表（3420个字）、基本字表（1320个字）、词表（平民用词、新民用词、简笔字表）等基础性样本框。

平民文学研究。从定县民间采集秧歌、鼓词、歌谣、歇后语、谜语、谚语、故事、笑话等几百万字素材，根据这些素材，编辑《定县秧歌选》50万字，鼓词203段计60多万字。

1932年，平教会定县部分工作人员（前排左八为晏阳初）。

课本编辑。重新审订编辑《市民千字课》、《农民千字课》、《士兵千字课》各4册，以及市民、农民、士兵三种千字课自修用课本各4册。编辑了平民读物若干种，其中包括自然科学常识、社会科学常识、应用科学常识。

艺术教育研究。搜集整理了民间实用画（如刺绣、染印、编织的基本图案）、民间艺术绘画（如家庭年画、庙宇壁画、宗教画等）、画范等，根据这些基本材料，设计了平民文艺教育所需要的教学工具——挂图（涉及文艺、农业、国难、卫生、公民等内容）。编选定县民间歌曲、选介中西歌谱、推广同唱歌集、制作简易的中国乐器（后来在美国购买了一些西洋现代乐器）等。开展中小学与平民学校歌唱比赛。为适应和巩固农村平民教育的效果，编写了剧

1932年，晏阳初、陈筑山、汤茂如在定县。

本6种，戏剧3册，组建并训练了农民剧团11个，举办了多场地方戏剧与话剧的公演。这些剧目和戏目，贴近农民的生活和民间社会的基本状况，但是又不乏艺术性，所以，时至今日，当时在平民学校学习的当地农民，仍然能够演唱平教会教给他们的歌曲、剧目。

会歌中饱含深意。其中，广为人知的是《中华平民教育运动歌》。这首老调新词，借调《苏武牧羊》的悲壮和雄浑，传达了中华文化家国天下的理想。传唱的时空范围，至为宽广。其词曰：

茫茫海宇寻同志。历尽了风尘，结合了同仁，共事业、励精神，并肩作长城。

力恶不出己，一心为平民。奋斗与牺牲，务把文盲除尽。男男女女，老老少少，一齐见光明。

茫茫海宇寻同志。一齐见光明，青天无片云，愈努力、愈精神，勇往向前程。飞渡了黄河，踏过了昆仑。唤醒旧邦人，大家起作新民。意诚心正，身修家齐，国治天下平。

河北保定电视台《晏阳初》摄制组曾为了拍摄晏阳初的纪录片到定县翟城村找到了当年的平民，他们一听要拍摄晏阳初的事迹，都自告奋勇地唱起来。他们中有的虽然牙齿都掉完了，音调也不甚准确，但唱的时候，却让在场的许多人落下了眼泪。

如果只是以为这首歌仅仅是一首歌，那就没有明白晏先生专门延请陈筑山作词的本意。它不仅是定县实验、整个平民教育运动以及整个乡村建设运动中的重要环节，并且它还和定县实验的其他各个环节，有着千丝万缕的联系。

晏阳初在《九十自述》中说，"'3C'影响了我一生"。这种影响不是简单说说而已，而是浸透了他的所有行动。他以平天下为己任，所以绝不简单地借用西方的科学简单化。深受传统儒家民本思想浸染，加上长期与"苦力"亲如兄弟的接触，这个时候（1927年），年近中年的晏阳初，思想和行动开始融会贯通。回忆老爸当年，不但要"透析章句"、更要"驰骋文意"的讲法是正确的。同时他也觉得，新安朱文公老先生也没有乱说，虽然平天下需要经过一步一步的努力，但是也有窍门。正所谓"所操者约，而所及者广，此平天下之要道也"。

儒家所谓絜矩之道，在于提纲挈领。在晏阳初晚年，他进一步把众多的实践经验归纳整理、删繁就简。37岁，他那气壮山河的平教运动歌，唱出了平教的纲领；87岁，他那中正平和的《九大信条》，道出了平教的絜矩之道。晏阳初不为唱歌而唱歌，陈筑山不为写歌而写歌。他们用简单、简便的行动，传达了至繁而至简的科学思想。

### 2. 生计教育

生计教育的目的，旨在解决中国农村社会"穷"的问题。其目标是，训练农民生计所需的现代知识和技术，以增加其产量和收入；创设农村合作经营组织，培养农村和农民的抗风险能力；养成农村平民的经济意识与控制经济环境的能力。简单地说，就是要从生计教育入手，以达到农村的经济繁荣和社会发展。生计教育分生计巡回学校、表证农家和实施推广训练三个阶段，由此形成生计教育整个的推广制度。其具体工作如下：

第一，农民生计巡回训练。目的在于让农民取得应用于农村当前实际需要的训练，以生活的秩序为教育的秩序。顺一年时序的先后，实施适合的教育，教授切实的技术。即根据一年中的节令与基本社会事件，平教会人员有计划有目的地巡回各村，进行农业教育与各项技术的实际指导。比如，把每年春季三、四、五这三个月划分为农作物生产训练时期，冬季十一、十二、一、二等四个月为农村手工业、民间工艺及经济合作项目训练时期。训练的对象，大半是农村学校中的优等生与平民学校的小学毕业生。这类学校的主要任务是：训练平民教育的领袖；普及农业科学知识；提高生产技能等。开展这类巡回训练学校，能够将现代农业科学技术直接送到农民家里，让农民在实际生产中接受教育，加强农民与学校的互动。

为便于推行生计巡回学校制度，平教会在定县进行了学区划分。首先选出中心村庄，每个中心村庄联合周围6到10个村为一个学区。每五个学区形成一巡回实验区，全县389个自然村共组成9个巡回实验区。在这些实验区中，生计巡回训练的过程中分三个阶段进行：第一，设计讨论。让农民自己发表如何提高生计水平的意见，平教会生计训练工作人员根据他们的意见，为每个实验区和家庭制订有针对性的方案。第二，实施作业。根据讨论的结果和制订的方案，根据实际着手方案的实施，在实施中调整和改进。第三，家庭设计。指授课后，学员在自己的田里实地工作，由学校予以指导和督察。

巡回训练的课程按内容分为32个单元，4个门类，即植物生产、动物生产、农村经济和农村工艺。虽然这些内容，今天也没有过时。不过，在此不过多展开。读者兴趣之所及，必然会深入发掘其中的价值。

20世纪30年代，晏阳初骑驴下乡。

在晏阳初看来，农村建设的整体方案，应该先有农民训练，后有农民合作经济组织。各种方案的设计，都是依据通过教育而达到建设的目的。一帮原本受过中国传统的君子教育——“四体不勤、五谷不分”的知识分子，在定县这块土地上，像模像样地开展了农村生计教育。他们的成果，居然得到了当时国内外各界人士的认可，时至今日，大家亦津津乐道，并不认为他们的实践过时了，这不能不让人觉得是个了不起的创举。

第二，设立表证农家，实施推广训练。表证，就是榜样的意思。具体做法是，选择在上述农业生产训练中成绩优良，并在实践中成效显著的农户，作为表证农家，请他们当众表演证明，起到示范作用。平教会把动物和植物交给表证农家，同时，发给他们各种表格让农民把自己如何操作的情形，随时记录下来，并将他们的经验或者心得教给其他农民。每个表证农家要负责对30户普通农民进行生产指导，使农业科学技术通过典型农民的示范、引导而普及到广大的农民中间。这不但是生计教育，其实也包含了农村公民教育，中国传统儒家的自利利人、“己欲达而达人”的思想，无疑变得十分具体和具有可操作性。

比如，定县牛村一位40多岁的壮年农民，名叫刘雨田。他接受了“作物选种”的训练后，深感过去一般农民家庭在作物收获以后，或者直到脱粒以后才选大穗、大粒来留种的做法，不是很好。1931年，他在平教会的指导下，按科学方法，在20多亩农田里，挑选没有病虫、成熟早、壮实、不怕风灾的无芒白小麦5000单穗做种。到了秋季，他就把选好的种子播到大约一亩的种子实验区。第二年春夏之交，这一亩小麦长势极好，极少病虫害。不久，华北平原迎来了常见的大风天气，其他许多农家的麦秆都倒了，但刘雨田的试验田里的麦秆却很少被吹倒。于是，他又从没有被吹倒的小麦中，选了500株，精心护理，收获后留作种子。随后，他反复实验，到1933年，试验田里的小麦，长势更为喜人。高矮一致，颜色一律，籽满粒大，能抵御病虫灾害。平教会组织农民前来参观。收获后，刘雨田的小麦一亩产量比其他农家多收了约75斤。许多农民要求与刘雨田换种，他慨然答应。其他农民引种刘雨田的种子，也都获得了较好的收成。平教会组织农业专家与金陵大学（南京大学前身）合作，将刘雨田实验成功的小麦与72号白麦作对比试验，结果显示，刘雨田的小麦优于白麦。经中央农业实验研究所严格化验，该品种被确认为华北地区的珍贵品种，并被命名为“定县刘雨田号”，此后在华北平原各地推广，效果良好。

第三，建立以县为单位的合作组织制度。平教总会下设了生计教育部，以研究与推动村、区、县各级合作经济组织。其进一步的发展目标，是建立以县委为单位的合作经济组织（包括自助社、合作社和合作社联合会）。当然，其中的关键还在于合作教育。个体的人，其实不是生下来就会合作。善于合作者，是训练的结果。合作训练，社会才成其为社会。

关于生计教育的具体内容，晏阳初组织专家编写了《农民生计教育》小册子。通过这些计划，定县农民在经济上取得了一定的效益。再如玉米、小麦、蔬菜、水果的改良，猪、羊、鸡的改良，高粱、大麦的黑疸病、白菜苋菜的白锈病、棉花的蚜虫等防治，都取得不错的成绩。中国农民，第一次尝到科学种田的甜头。濒临破产的定县农村经济，在某种程度上获得了复兴和改善。

### 3. 卫生教育

卫生教育旨在解决中国农村平民身体“弱”的问题。当时，大家对西洋社会称中国人为“东亚病夫”的历史并不陌生。这主要是因为农村缺医少药、缺少医疗卫生人才、缺少开展医疗卫生建设所必需的经济条件和可能的组织等原因。

根据调查，晏阳初等认为，要复兴、改造和建设农村，不仅要实施卫生教育，使人人成为健康的国民，而且还要创建农村医药卫生制度。只有这样，才能节省农民的医药费用，改进农村缺医少药的状况，改善公共环境卫生。定县实验，在卫生教育方面做了一些有益的探索。

第一，建立立体的保健制度。当时，中国医疗卫生的基本情况是，医疗卫

1934年，定县平民初级学校的卫生教育。

1934年，在儿童中推行刷牙。

20世纪30年代定县街头的阅报亭和剃头挑。

生人才极度缺乏，医疗卫生所需的经济极度困难。晏阳初及其同人认为，在这种情形下，必须创造适合民众需要的、现实的保健制度。所以，在调查的基础上，建立立体的卫生保健制度，是定县实验的一大特色。毕业于美国哈佛大学公共卫生专业、又在德国学习卫生教育的陈志潜的加入，让定县的卫生保健制度，科学而有效。 其具体做法如下：

保健员制度。每村设保健员一人，从平民学校毕业同学会的会员中择优选任，然后再让他们接受专门的培训。保健员的主要任务有：报告死生，水井改良，普及种痘，急救治疗。每个保健员配备保健药箱，里面配备10种基本的常备药和一些基本的工具，以应急需。保健员制度需要每个村每年拨给经费15银元，这在当时能够维持一个保健员每月的生活所需。

保健所制度。在每一区或乡镇（几个邻近的自然村组成）设立一个保健所。所内设医师一人，助理一人。医师和助理都来自当时的医学院校，受过正规的训练，并且都离家近，愿意到定县工作。他们的工作范围包括：训练并监督各村保健员（巡回下乡辅导，与赤脚医生制度大致相同）；实施卫生教育；预防注射；日常门诊治疗。保健所一年的维持费大约需要800银元。从1932年到1937年，定县已经有一半的乡镇配齐了医生，建立了保健所。

保健院制度。在定县设立了保健院，并作为全县卫生教育与卫生建设的总机关。当时的保健院，设有50个病床，并建立了急诊室。凡保健所不能解决的问题，就送到保健院。保健院还负责训练乡村护士与产婆，设计与指导全县群防群治的公共卫生事业。按照当时的经济状况，县保健院每年需费用大约14000银元。当时，在定县保健院传染病科的余焕文、外科的墨树屏（后在去延安途中去世）、助产士章斐成等人，均毕业于北京协和医学院。

以上三项组织制度，在1934年的时候，就已经在定县全县范围内铺开。当时的预算是，每年费用为35000银元。以定县人口大约40万计算，全县平均每人每年只需负担大洋（银元）一角钱。

第二，完成消灭天花流行病的技术攻关。定县实验的医疗卫生制度建设，据陈志潜说，是着眼于预防工作，采取自下而上、预防为主、与教育相结合的途径来进行。当时定县和全国都面临着一个普遍的流行病——天花。既然设计了以预防医学为主，那么平教会就着力攻克天花流行病的技术难关。定县试验区以最经济、最有实效的乡村保健组织，经过三年的实验，使天花在研究区内的61村里绝迹。

1934年，全国天花流行，只有定县试验区的发病例极少，全县只有2例。定县的预防保健制度，采用种痘的方式，费用极低（天花种痘大洋三分，极其容易推广）。后来华西试验区北碚歇马场等地继续使用这种方式。

第三，其他工作。在研究区内，平教会还普及了沙眼防治、普通皮肤病防治和地方病（主要是黑热病）防治方法。借保健员制度的平台，推行出生人口统计，以经济可靠的方法计算了定县的自然增长率。在学校式文艺教育板块中，附带宣传和试行节制生育的方法是中国最早进行计划生育的尝试。与生计教育板块相联合，实验从合作社贷款，宣传、督察和改良环境卫生的办法。他们还开展进一步的社会调查，发现、研究和推广土医土药，编辑整理民间偏方、地方中草药，等等。

平教总会计划，每年定期接受医学院高年级学生与毕业生前来实习，使定县成为华北乡村卫生人才的训练中心（后因日本侵华战争蔓延至定县，遂使这一计划未能完全实现）。定县试验区还把成功的保健制度编辑成经验报告，供国内其他地区乡村卫生建设参考。

平教会的卫生教育，取得了突出的成果。在当时定县这块偏僻贫穷的土地上，中国农民第一次建立起简单、经济、实用的乡村保健制度。它的成果，吸引了社会各界人士的参观和访问。1934年，陈志潜在全国卫生工作会议上，报告了定县自下而上的三级保健制度，江陵、兰溪、济宁等县相继效法，推广了该方法。

### 4. 公民教育

公民教育旨在解决中国社会“私”的问题。它的目的，在于养成人民的公共心与合作精神，从根本上训练人民的团结力，以提高其道德观念与团队精神。晏阳初先生的公民教育，与一般的道德教化还不一样。它的着力点，不仅在于看不见的内心，而且更在于可见的行动。因为在晏阳初看来，通过教育，“要让民众在一切社会的基础上，无论在任何团体，皆能努力成为一个忠实而有效率的分子；要在人类普遍共有的良心上，发达国民的判断力、正义心，使他们皆有自决自信，公是公非的主张”。为达此目的，晏阳初认为，大体上应该包括如下的工作：

第一，国族精神研究。当时正值日本发动侵华战争，华北形势异常危急，平教会为唤起人民的民族意识，发扬国族精神，特选择中国历史上志士仁人抵御外侮、不畏权贵、杀身成仁、舍生取义的可歌可泣的故事，编制成图画，附以简单的文字说明，并配以歌曲，作为公民教育的基本材料。当时，平教会编辑出版了《历史图说》40套、《国族精神论例浅释》1册。

第二，编纂公民教育材料。该项工作包括基本材料的研究和编辑，应用教材的研究和编辑。前一项工作的成果，主要为先后编辑出版了《公民道德根本义》、《公民道德纲目》、《公民知识纲目》、《国民生活上应改正之点》、《中国伦理之根据》。第二项工作的成果，包括出版了《公民课本》、《公民图说》、《历史》、《地理》、《唱歌》、《农村家庭设计》、《公民讲演图说》等。

第三，农村自治研究工作。为研究农村自治之内容与组织，并训练村自治基本人才，在高头村建立了村公所进行实验，由村民共同讨论乡村事务。开展的工作，包括修改公约、清理债务、修筑道路、共同看管田间作物等。

## 整体推进的逻辑

晏阳初在《乡村改造工作人员九项守则》中，较为系统扼要地阐述了四大教育连环推进的逻辑。他说："不可零碎地做，而是整体连环进行。" 这项后期的总结，是就早期在定县推进四大教育的三大方式——学校式、家庭式和社会式而言。它们的内在逻辑，即遵循整体推进的原则。但是，它们之中各有侧重。

### 1. 学校式教育

从1927年开始，定县建立了"七位一体"的学校式教育体系。建立了初级平民学校。1928年,《农民千字课》初稿完成,在翟城村设立实验乡村初级平民学校两所;1929年,修正课程标准,新开8所平民教育学校;1930年,制定校董会组织法,修订分班制、课程标准和学期制;1931年,重定入学年龄,第三次修改《平民千字课》,新开学校3所;1932年,收集、解决遗留问题,新开两所平民学校,第四次修改《平民千字课》,实施学生在校组织综合活动秩序的训练(即军事训练),解决了所有训管问题,并开办了妇女平民学校;1933年,为增高效率而进行对比实验,建立了实验初级平民教育学校两所;1934年,最后一次修订课程教材教法,编成《初级平民学校指南》一部。

除文盲实验的研究与推广。这部分包括推广制度及其方法、导生传习制。其中,推广制度是从1929年开始的,当时设有表演平民学校14所,各个表演学校均有向附近各村推行平民教育的责任,所以,平民学校如雨后春笋般成长起来,达到162所;1930年,改进方法,分区设立表演学校15所,至此,推广制度已基本形成。1931年和1932年,分全县为3个实验区,每区选择一个村为实验中心村,设表演平校20所,之后的工作,就是做技术和方法的精密化了。

导生传习制是定县实验的一大特色。它的简单表述是,老师教学生,学生学会了又去教新的学生。它的特点是即学、即习、即用。它成功的关键,在于形成一支坚强的干部组织,并且使各个传习处的学生,都能够在导生干部的组织下,相互团结,以增强学校式教育的效果。

初级平民学校以上的教育。1928年,当时暂定的学制是初级男女平民学校、高级男女平民学校和平民职业学校三级;1929年的时候,平民职业学校被改为平民育才学校,用以训练农村领袖人才;又因育才学校与高级平民学校衔接不上,所以改为青年补习学校,后又因故改为生计巡回训练班;1933年,因生计教育的需要,设实验高级平民学校两所,旨在培养乡村建设关于经济合作的下层领袖和技术人才。

乡村小学。1931年，为了根本消灭文盲，开始了儿童教育的研究。起初的乡村小学，目的在于为广泛地开展乡村平民教育作各种（如导生传习制）教学法的实验等方面的研究，后来，它逐渐成为学校式教育的重要组成部分。

妇孺教育的研究和实验。1928年，平教会就开始了乡村妇女教育的研究，刚开始主要开展了妇女平民学校、妇女育才学校和青年补习学校等。到了1931年，平教会专门成立了青年妇女教育研究委员会，分为妇女职业和家庭教育两个组。1932年，开展祝福会和闺女会等实验，创设实验初级女平民教育学校，将缝纫、育儿等列入课程，做专门的教育。到1933年的时候，妇孺教育就蔚为壮观地开展起来，设立了书算、保育、缝纫、畜牧、纺织和园艺等科，同时开办托儿所、保姆训练班，使“下一代”的问题成为学校式教育的一个重要组成部分。

师资训练。1928年至1931年，师资训练还是临时的和短期的，由平教会的工作人员根据情况主持。虽然其间也有为期一年的师范科教育，但是，真正开始制定县为单位的师资训练实施法是在1933年，根据历年的经验，平教会增编了各种教材，完善了师资训练。

学校式教育的编纂工作。在开展各种学校式教育的同时，随着人力、物力资源的具备，定县实验1934年的重要工作，就是学校式教育的编纂工作。内容涉及注音符号教育、从千字课教学到语词本位教学的过渡、珠算笔算教学法的比较、学生常用差别字的统计研究、罗马数字教学等等。晏阳初认为这些都有编辑出版、应用发表的必要，所以，通过编纂工作，平教会着力开展学校式教育的推广工作。

### 2. 社会式教育

晏阳初认为，学校和家庭的范围都是固定的，要想向一般群众和有组织的农民团体提供适当的教育，社会式教育是必要的。社会式教育的内容，大致说来，是由研究四大教育得出的方案，利用各种工具对一般农民作普通的讲演或指导。不过晏阳初认为，平教会的社会式教育，除了推行四大教育外，还负有其他更重要的使命。

晏阳初对“教育家应该有的科学态度”的体认。晏阳初长期受西方实验科学的熏陶，他对实验法得出的结果的可推广性，持有科学所应该有的保守态度。他对教育精神的科学把握，是值得注意的。他认为：“研究室内研究所得的结果，是否适合于农村环境，如不经过一度实验，恐怕谁也不能确定。所以，社会式教育必得把实验以后的得失经验，转达于各从事研究工作者以资参考。且整个平教运动的目标和内容，能否随时随地与正处于急剧变化的漩涡中的中国社会的现阶段相适应，尤须赖与社会接触较多，对社会的实况与动向，有较切的体验与认识。” 总之，它是保持平教运动科学性的重要方法。

在这一大的理论背景下，“根正苗红”的平教会社会式教育委员会于1931年成立。后来，根据需要改为社会式教育部，在与县政建设研究院的合作中，开展了训练民众、组织民众的工作。

社会式教育的方案，从实施的历程来看，主要是发挥平民学校毕业生同学会的力量。同学会是社会式教育的中心组织，他们不仅是接受继续教育的团体，而且肩负着宣传、介绍和推广四大教育到其他民众中去的任务。

每村的同学会设委员长一人，根据四大教育的内容设立文艺委员、生计委员、卫生委员、公民委员各一人，处理同学会的有关事务。依据四大教育的理论和同学会的组织，关于文艺教育方面，开展了读书会、言说比赛、表演新式剧目、练习投稿等等；关于生计教育方面，成立了自助社、合作社、农产品展览会等等；卫生教育方面，开展了种牛痘运动、防疫注射、拒毒运动、武术团运动等；关于公民教育方面，开展了禁赌运动、修桥补路运动、植树运动、自卫运动等等。

同学会的活动，需要相应的设备。为此，成员们用煤油箱制成了平民角；

选定极简易通俗、适合农民需要的书籍，定期挑到各村供农民阅读，是为图书担；用木箱装书，轮流送至各村阅读，是为巡回文库。农民民智日开，需要发表自己的舆论，在同学会的推动下，办起了《农民周刊》，内容以农民来稿为主，占全部版面的三分之二。这不仅唤起了农民对国家民族的责任，而且养成了农民读书看报、热爱写作的习惯。

通过这些实际工作，四大教育被推动或介绍到了乡村民众中去。同学会成员，经过实地锻炼，成为农村建设的中坚分子。

**3. 家庭式教育**

家庭式教育，是对各家庭中不同地位的成员，用横向联系的办法组织起来进行教育的一种方法。各实验村先后设立了家主会、主妇会、少年会、闺女会、幼童会等组织形式。教育的内容仍然是针对中国社会四大基本问题的四大教育，选材的标准则侧重于家庭的需要，并照顾到受教育者的身份特点。

家庭式教育的目标，是将各个独立的、自利的家庭，转化为各家联合的、互助的社会生活；将各家天然、热烈、狭小的血缘之爱，扩大为爱民族、爱国家的生命大爱；使农民从家庭的集会中，得到共同生活、共同集会所必要的各种练习。通过四大教育，实现家庭的社会化与家庭的教育化。

## 做大做强的新知

在长达10年之久的定县实验中，晏阳初对学术与政治的关系有了新的理解。他说：“我们以定县为实验区，最初仅站在学术及私人团体的立场去研究实验，以期改进整个农村生活，从工作中找教育的内容。但是，根据我在定县工作数年的经验，似乎感到有一种必要：就是由学术的立场去建设乡村，是由下而上的工作，是基础实验的工作……不过如欲将研究所得推广出去，则非借政府的力量、政治的机构不可。”有鉴于此，平教会在定县实验的行进过程中，于1931年增加了县政改革的实验，并成立了河北省县政建设研究院。

研究院的工作与平教会的公民教育在某种程度上是切合的。晏阳初因兼任县政研究院院长，加上两个组织的目标又相同，所以，县政改革和平民教育、乡村改造的事业可以做到互相促进。他们首先进行县政府的机构改革，裁局并科、精简人员，以建设高效率的县政府为中枢，大力推广自治、自卫和各项社会服务事业。

全县的政治活动以接受过四大教育的公民服务团为基础，形成乡镇建设委员会，并依次进行文艺、生计、卫生、公民等四个方面的连锁建设，达到改造乡村、建设乡村的目的。为防止乡镇建设委员会滥用权力，又设立了乡镇公民大会加以监督限制。这样一来，公民服务团一方面可以站在公民大会的立场节制乡镇建设委员会，另一方面又要服从乡镇委员会的指挥监督，两相调节，就可以消弭解决乡镇地方的顽固势力和纠纷。

乡镇建设委员会的上级是县政府，所以，县政府的组织尤其应该合理。对此，晏阳初颇费思量。他着手开展县政建设实验的时候，国内各县的行政经费极少，大约只有13000银元。因此晏阳初提议，县政府设一个县政委员会，在秘书科长等行政人员外，另外聘任一部分担任名誉职位的学者专家。只有当遇到重大的政事，才请他们在学术上和技术上给予辅助，这样就不会增加经费预算负担。

用当时的眼光来看，定县实验所做的事业，在全国各界也算是十分伟大的。特别是在晏阳初兼任县政研究院院长之时，外间纷纷传说“研究院每年经费数十万（银元）”，对此，晏阳初在《定县实验工作提要》的“本会经费”

1933年，晏阳初一家在定县。

中强调说：

本会工作以研究实验为主。至于表证推行于全国或于一省的工作，绝非私人学术团体所能办、所应办的事，故本会所募来的钱都是用到研究实验上的。我们这个由穷书生结合、靠募化来维持工作的私人学术团体，完全在困窘的生活中努力撑支，整整有十余年了，怎会把钱浪费，又怎能有钱让我们来浪费呢！本会经费最多的时候，曾未超过月费万余元的纪录，而研究实验的工作却有十余部分之多。至于河北省府在定县设立之县政建设研究院，在经费上与平教会毫无关系，平教会同仁在研究院兼职者皆为义务性质，而研究院的经费每月亦仅有五千余元，由省库支出，外间传说研究院每年经费数十万，亦属无稽之谈。

定县实验，之所以能向全国推广，我们亦可以体会，晏阳初所建立的一套有效率且廉洁的体制是多么重要。晏阳初一生为平民，从1918年到1990年，为平民工作了72年；晏阳初一生为平民，从未当过政府官员，也从未为自己敛财。他后期所募得的资金、所经手的经费数额巨大，仅1948年募集的经费就大约在2100万至4200万美元（当时的物价）之间。然而，直到他1990年仙逝于美国，他仍过着清贫的生活；死后更将20余万美元遗产全部捐献给了世界乡村改造和平民教育事业，不留余财给子孙。

作为教育家，他践行了《中华平民教育运动歌》中“一心为平民”的诺言；作为一个自己理想的践行家，他在等身著作的“言传”外，为世人树立了“身修家齐”的“身教”榜样；至于作为一个理想主义者，晏先生秉承着中国学人、社会活动家的一般传统——“治国平天下”。定县实验在国际国内、学界政界和世俗民间的强大影响，与老先生一生的执著与坚持，人品和人格，是分不开的。

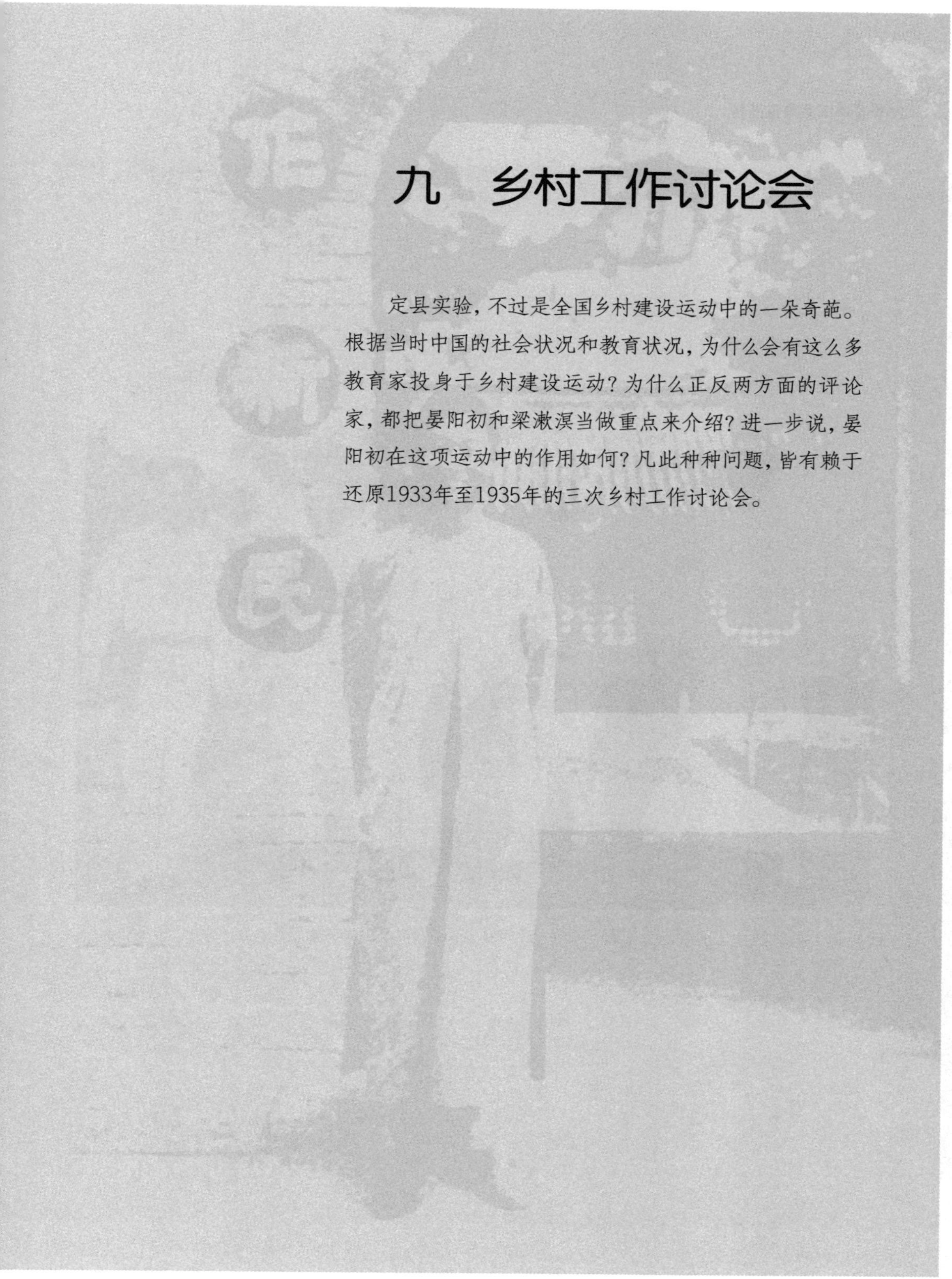

# 九 乡村工作讨论会

定县实验，不过是全国乡村建设运动中的一朵奇葩。根据当时中国的社会状况和教育状况，为什么会有这么多教育家投身于乡村建设运动？为什么正反两方面的评论家，都把晏阳初和梁漱溟当做重点来介绍？进一步说，晏阳初在这项运动中的作用如何？凡此种种问题，皆有赖于还原1933年至1935年的三次乡村工作讨论会。

1934年，第二次乡村工作讨论会留影（左起：江问渔、梁漱溟、晏阳初、章元善、许仕廉）。

# 引

只有当某一事件成为社会的大问题，才值得有分量的和无分量的评论家出场。乡村建设运动亦如此。当其如星星之火，或明或暗，倏忽间或许会熄灭时，人们是平静的、置之不理的；当其如燎原之势，遍及大江南北时，有的人是不安的，且兼具羡慕的。人们的不安，表明这一运动扣动了人们的心弦。大家都认为这是一件应该做、但是没有做的事情，而且认为像晏阳初那样做，即使不是最好的，也是值得借鉴的。

想当初，平民教育、乡村建设运动并没有多么引人注目。"我国农村运动的历史，可以远溯至1904年米迪刚先生在定县翟城村的'村治'。民国以后，山西'模范县'的'村治'，'五四'后的新村运动，平民教育运动及晓庄乡村师范等。它们的旨趣，大抵注重农村改良，不过活动范围和影响都甚狭小，所以初期的农村运动，在社会上并没有占到什么地位。"[1]这是李紫翔、千家驹等人对乡村建设运动进行了多方、立体的历史考察后所得出的结论。

但是，到了1933年，随着第一次乡村工作讨论会的召开，全

[1] 李紫翔：《中国农村运动的理论与实际》，千家驹、李紫翔编著：《中国乡村建设批判》，上海知新书店1936年版，第2页。

国成百上千个与乡村建设相关的组织[1]，聚集到一起开会，就使事情发生了根本性的变化。大约在这时，有人注意到，“惟定县平教会的实验与邹平的西安村建设，都有较悠久的历史，都有身体力行的领袖，不仅是这样，他们还有一贯的理论系统，有整套的哲学基础，深信这种工作可以解决中国的农村问题，或甚至整个的中国社会问题”。[2]那么，乡村工作讨论会是怎样生发和展开的？晏阳初在之前、之中和之后，又是如何影响、推动、推广乡村建设运动的呢？

## 共赴时艰同聚首

民国时期中国的农村，不忍蹙看、不忍细想。乡村建设运动有远古的历史渊源，更是时代的产物。梁定蜀和罗理在《参加乡村工作讨论会第一次集会报告》中说：

我国数千年来以农立国，农村之健全与否，农业之兴隆与否，不仅为农民生死问题，亦为国家民族存亡问题。海通以还，东西资本帝国主义，挟其机械文明政治、经济、武力，来相侵凌；而我国内又复兵连祸结，灾墁频至，在此重

[1] 具体有多少，目前没有绝对准确的数字。陈序经说，有人估计，到1935年为止，从事乡村建设的团体有1000多个，提倡乡村建设的出版物有十余种，“到处有人提倡乡村建设，就是在实际上，也到处都有人实验乡村工作”（参见陈序经：《乡村建设运动》，上海大东书局1946年版，第88页）。也有人认为，从事乡村建设工作的单位，已不下一二百处，从事乡村工作的人员，亦有两三千人（参见千家驹、李紫翔编著：《中国乡村建设批判》，上海知新书店1936年版，第1页）。

[2] 千家驹：《中国农村建设之路何在？——评定县平教会的实验运动》，《日报月刊》1934年第3卷第10号。

重迫害之下，农村与农业，遂趋于衰落与崩溃……（然乡村工作）各自为制，各不相谋，不免孤立而有不相联系之憾，独善而不谋共济之议，故用力虽大，而收效不宏。兹为惩前毖后，补偏救弊起见，拟挽各方提携团结，群策群力，以增功效，此即本会召集缘起，并时势必然之要求也。[1]

"以农立国"的思想，即使在晏阳初等多年浸淫于西学、成长于西方工业社会环境中的先贤看来，仍然十分根本，更何况饱读诗书的老夫子。所以，乡村工作讨论会，一方面由从未留过洋的梁漱溟等夫子，一方面由许多留洋的贤达共同发起，就不显得那么突兀了。在中国的历史上，如果统治阶级真正在实际的治国行动中实行了"以农立国、以民为本"，那么，并没有多大必要讨论"乡村工作"。但是，一旦在治国的过程中偏离了农本民本的思想轨道，那么，轻则由乡绅士大夫聚首讨论，是为"清议"；重则引发底层民众的暴力革命或者非暴力不合作，是为"陈涉世家"或者"道路以目"[2]。

这种农本民本思想，在晏阳初身上体现得尤其突出，且溢于言表。在《九十自述》中，阅尽人间世事、剩下瘦骨一把的晏阳初，说他的"火种"来自远古，来自近世。远古，是指任何人都无法跳出的传统渊源和社会历史环境，即晏阳初长期受到的"远古的儒家的民本思想"的熏陶。近世，既有思想方面的，更有现实方面的，传教士来华，身体力行，言传身教，把晏阳初带出大山，不断激活他的思想；帝国主义侵华，晏阳初耳闻目睹，时不时地有所抗争、有所选择，不断塑造他的事业。

近代中国内外的形势，不断作用于中国人的思想行为。全国形势紧张，农

[1] 乡村工作讨论会编：《乡村建设实验》（第1集），中华书局1934年版，第1~3页。
[2] "清议"语出《南史》，一般指对时政的议论和社会舆论；"陈涉世家"语出《史记》，一般认为是历史上最出名的暴力革命；"道路以目"语出《国语·周语上》，一般认为是非暴力不合作的典型。

村形势更紧张。人与时势相互鼓荡，相互映衬。开出鲜花，结出硕果。所以，我们当前的人，老是感叹那个时候为什么出了那么多的大师，那么多的伟人，不免发出些“九斤老太太，一代不如一代”的感慨。其实，不是今人混蛋，古人能干。溯其源头，无他，形势比人强，一切努力也是徒然。时势造英雄。英雄，是那些能够勇于体察当前社会问题，且能够解决当前社会问题的弄潮儿。

花开两朵，各表一枝。且莫扯得太玄。直接地说，乡村工作讨论会源于1931年，成于1933年。讨论会的生长和发源，自然是时势之所需，但据目前各方的资料和时人的回忆录，无不表明晏阳初和梁漱溟的推动之力，居功甚伟。在定县实验和邹平实验取得巨大成效之后，各地实验区如雨后春笋般涌现。国民政府认识到此中有深意，于1931年分别邀请晏阳初、梁漱溟南下，商讨乡村建设有关事宜。同时，派内政部长黄绍竑、次长甘乃光等到河北定县、山东邹平考察，意欲有所作为。

即使在晏、梁二人南下之时，镇江的江恒源先生（1886—1961）到山东邹平与梁漱溟、梁耀祖商议的结果仍然是“时机不成熟”。所以，原拟于1932年1月15日开会的计划，化为乌有。不过，江恒源的热情高涨，在1932年7月中华职业教育社的福州年会上，他又拟同时召开“全国农村改进机构联合会”，孰料又因时间仓促、代表太少而无法如期召开。

送来把各地实验区联合起来的“东风”的，是国民政府的第二次内政会议。1932年12月，南北各地乡村服务团体应邀出席第二次内政会议，晏阳初、王怡柯、梁漱溟、李景汉和高阳诸先生，聚首南京，大联合的组织工作进入实质性商议阶段。嗣后，晏阳初又通过平教会博士团的关系，广泛邀请了严慎修、章元善、杨开道、张鸿钧、许仕廉诸先生，在北平共商具体办法，正式定于1933年7月14～16日在邹平县山东乡村建设研究院开会。

两份会议通知很快被发往全国各地，如期到会者63人。定县平教会的晏阳初、瞿菊农、陈志潜三人到会。

1933年，晏阳初在定县中华平民教育促进总会门前。

# 此会堪回首

1933年7月13日，到会诸公推梁漱溟、晏阳初、黄炎培、章元善、江恒源、许仕廉为主席团成员。14日上午9时开会，梁漱溟为主席，仅宣布开会，未举行任何仪式。梁漱溟说，此会是聚会，不是议会，所以不举行仪式。

乡村工作讨论会有三个值得注意的要点。我等作者老少二人，冒昧综合了各方面的意见，把它们归纳如下：（1）机构极端精简；（2）工作为入会之标准；（3）务实不务虚。大抵而言，这是晏阳初定县实验的基本作风，也是其成功的关键。这三点的完整表述，可以参见章元善、许仕廉在《乡村建设实验》（第1集）序言中的文字表达：

> 本会成立及邹平之集会，有三要点：一、本会无组织，无会章，仅有值年二人，司集会筹备事宜，及编辑每年大会之工作报告。二、凡加入本会为会员者，必须先有工作，后有入会可能；换言之，即须以极实际之工作成绩，为入会之唯一条件。三、本会重实际，不尚虚谈，故集会时，仅许报告工作，不谈理论与计划。即或有谈及理论与计划者，亦不过从实际经验所得感想或势在必行之工作方案而已。[1]

我们也可以刻薄地说，天公作美，没让那些迂夫子们在一开始就开成一个拖拉冗长的会议。这也难怪我们做这种假设，因为与会者都是些著作等

[1] 乡村工作讨论会编：《乡村建设实验》（第1集），中华书局1934年版，章元善、许仕廉所作序。

身的夫子。他们平时写文章作报告，也是一下子没注意，不经意间就出了好几本。不过，天气太热，也是第一次会议面临的相当特殊的实情。一旦形成惯例，可能就很难改变。筹备者许仕廉说："天气太热，在可能内，会期定为三天，不要延长。"时为山东省主席的韩复榘，派人送来大批汽水和水果等，从中可见炎热。综合各种因素来说，乡村建设的成果，也许是偶然中的必然。

不管如何，遵循此次讨论会所定下的原则，晏阳初的报告十分简单。他以《中华平民教育促进会定县工作大概》为题，分讲了"平教运动的发端"、"农村建设的四大问题"、"四大教育与三大方式"三个部分。报告安排在1933年7月15日，上午7点30至9点20。据时人回忆，他并没有讲很多，大约只讲了1小时又10分左右，与会者只隐约地领会到定县的工作成绩和大致的工作方式。至于早就闻名于乡村建设领域的定县实验的全貌，大家意犹未尽。章元善、许仕廉将第一次集会的资料编辑成册，在序言中提到："均未有报告送来。又如，中华平民教育促进会、金陵大学农学院、山东乡村建设研究院等等，其工作范围极大，历史亦久，而送来的报告又极简略。"[1]

不过不要紧，闭幕时，大会宣布了下届讨论会就在河北定县召开。晏阳初或许要以他一贯的方式向大家展示定县的工作、推出定县的同志。

## 亦在他乡宴群宾

自经过第一次讨论会，各地乡建同人对各自的工作有了新的见解，对别

[1] 乡村工作讨论会编：《乡村建设实验》（第1集），中华书局1934年版，章元善、许仕廉所作序。

人的工作，也有了新的认识。大家特别地把定县的工作原则，上升为全国乡村工作的共同守则，更进一步地推进了全国的乡村建设运动。早在1929年开始，晏阳初就逐渐形成了：（1）不能急进求速效。（2）不能专法欧西，须注意本国情状，因地制宜。（3）不能偏重一方面，须以整个社会为对象，才有整个的方法。这些方法，得到了与会者的广泛认同。

1934年，按例在定县开会，时间定在民国国庆日，10月10日。国家的庆典与民间的开会，并行不悖。全国的乡建名流，至定县者，凡170余人，其代表的机构70余处。除学术团体、实验机构，中央各部委和地方政府亦多有代表参加。会员“名副其实地是全国乡村工作人员”。[1]

10月的定县，秋高气爽。10日上午8时，会议准时召开。会场设在考棚，一个前清王朝州考科举的地方。大会推定晏阳初、梁漱溟、高践四、梁仲华、陈筑山为主席团成员。会议除请各地从事乡村运动的领袖讲演外，并分组讨论实际工作。除了书面报告，更有口头报告的得失经验。

晏阳初的仪式性发言虽然只有三分钟，今天读来，仍能够让人完整地理解他的“家国天下”胸怀和当前如何开展工作的大致脉络。他行礼如仪，正言：“今天是国庆日，我们乡村工作讨论会也同时开会。然在此内外交迫的现状下，有什么值得庆的？我们只有哭！但是，我们在这可哭的现状下，也还有土地人民，供我们去努力，在这一块地方来供我们开会，我们还没有亡国，我们还有努力的机会，那么也未始不是可庆的一点。本会叫做工作讨论会，‘工作’二字，不是说而不做，是要脚踏实地地去努力。”[2]

日本于20世纪30年代大肆蚕食中国东北、华北，乡建运动和平民教育工作者对此的愤慨、意欲有所作为的心情，至此可见一斑。乡建运动的爱国主

[1] 乡村工作讨论会编：《乡村建设实验》（第2集），中华书局1935年版，第3页、第13页。
[2] 乡村工作讨论会编：《乡村建设实验》（第2集），中华书局1935年版，第13页。

义，没有停留在口头上。

围绕救国、建国运动，力争夯实国家的基础，晏阳初的主题报告较为详细。在1935年出版的《乡村建设实验》（第2集）一书中，晏阳初的报告名为《中华平民教育促进会工作报告》。该报告的初稿原本刊行于1934年。当时，国内外人士到定县参观、考察的很多，形成了“定县热”。晏阳初把定县实验的具体做法，成文印成小册子，提供给参观者。[1]这本册子基本可以代表定县的整体工作。

10日晚，许仕廉与梁仲华不顾一天会务工作的辛苦，到平教会小会议室向晏阳初请教如何成功地训练导生的问题。因为平教会的传播模式被大会认为是值得借鉴的，所以急欲整合各方资源的梁仲华，就约上值年（主持人）许仕廉教授，深夜单独造访晏阳初。他们谈了很久，仍觉未尽兴，所以值年许仕廉请晏阳初再做一次关于《乡村运动成功之基本条件》的讲演。讲演安排在1934年10月11日上午8点30至9点30。这个讲演，就是后来著名的“九大信条”的基础。

10月12日晚，晏阳初致闭会词，接下来的工作是意料中的繁忙。因为这次讨论会成功地达成了一系列共识。10月13日全天，其余与会者逐渐赶回各自工作岗位，而全国乡村建设运动的主要领导人，晏阳初、梁漱溟、瞿菊农、陈筑山、杨开道、梁仲华、孙廉泉、章元善、许仕廉等，继续讨论着许多新的重大问题。因为，在第二次讨论会还没有完全结束的时候，参加会议的政府代表反馈了南京国民政府的意见，国家已经把乡村建设纳入政府扶持的议程，同时，国际国内知名人士、重要组织普遍开始关注中国的乡村建设和平民教育运动。

据当时的出版资料显示，几个乡村建设运动的“老夫子”讨论的问题包

---

[1] 宋恩荣主编：《晏阳初全集》（第1卷），湖南教育出版社1989年版，第307页。

括：乡村建设的目的、进行步骤、分工合作办法。这次小会，通过了由章元善拟稿的“会员应守五信条”、成立了训练中心处、确定了全国乡村建设实验省、开始着手乡村建设人才物色和训练的工作。[1]

通过第二次会议，全国的工作是大不一样了。过去有的地方还是散兵游勇，匍匐前进，现在却变得理直气壮、蔚为大观了。

## 教育心理研究得光大

第二次乡村建设讨论会，晏阳初的主题报告内容是十分全面而具体的。与别的报告不同，该报告的一大亮点是关于教育心理的科学研究。作为一个教育家，晏阳初不仅仅是关心乡村的教育问题，而且还要科学地关心乡村的教育问题。制定教育方针，平教会十分注意科学性，有的放矢、因材施教。在该报告中，晏阳初把调查放在重要位置。在社会调查、四大教育、三大方式之外，他还单独列出了“教育心理研究”这一栏目。

在讨论会上，晏阳初回顾了平教会的教育心理研究。他说：“本会教育心理研究，开始于民国十六年（1927年），其意义在充分运用教育心理的原则、心理测验的方法，对于学力测验、智慧测验等问题，做一种科学的分析研究。”从1927年至1934年，平教会在定县编制了44种测验。七年间，测验过的班数有1601个，人数有36602人。在这些农民中，总共选出了442个成绩优良的，给予他们特殊的训练，预备训练为农村运动的领袖人才。在这7年中，平教会也在军队中开展了智慧测验，在河北顺德何柱国军队中，测试了1000余

[1] 乡村工作讨论会编：《乡村建设实验》（第2集），中华书局1935年版，第5～6页。

人，当时保存下来的试卷有863份。

较早在中国展开教育心理研究，并与国际接轨。在研究结果的报告中，晏阳初利用自身的优势，把握国际相关研究，关注教育心理研究的最新动态。测验的结果表明：（1）识字、注音符号与珠算，在15与45岁之间，学习能力差不多完全一样，这个事实与美国教育心理学大家桑代克（Thorndike）结论，说25岁至45岁成人学习的能力，与15至20岁的青年差不多相等，是完全一致的。（2）根据测试的结果，晏阳初说，定县平教实验中的文艺教育，不仅可以向青年农民，而且还可以向青年农民的父母和祖父母开放。[1]即使放到今天来看，这种认识也还是比较超前的。我们的小学教育、中学教育，不仅仅是教育小孩子，同时更要让家长也继续接受再教育。父母的眼光，影响着孩子的未来；家庭成员的整体素质和学习气氛，巩固着学校式教育的成果。

教育心理学的研究及其结果，被晏阳初认为是“定县平民教育科学化、数量化的最具体、最切实的证据”。[2]

我们又不禁要问，没有心理学做基础，哪里有什么教育家呢？

## 形势正在起变化

当全国乡建工作者正准备借第二次工作讨论会的东风，卯足精神，大干一场的时候，形势却起了变化。这个变化，我们可以从第三次全国乡村工作讨论会的记录中窥其一斑。

---

[1] 宋恩荣主编：《晏阳初全集》（第1卷），湖南教育出版社1989年版，第342页。

[2] 宋恩荣主编：《晏阳初全集》（第1卷），湖南教育出版社1989年版，第343页。

会议按惯例于10月10日上午在江苏省立教育学院大礼堂举行。讨论会主席高践四先生在开幕式上谈了第三次讨论会的四点主旨。比较刺眼的是"一、重行检讨同人所从事的乡村工作"。这一点，关乎后来乡建运动的命运，不得不详谈。他说：

关于第一点，为什么对于同仁所从事的乡村工作需要重行检讨一番呢？近十余年来，政府、金融界、教育界、爱国有志之士，都能注意乡村建设并且努力进行。但是，天灾人祸，内忧外患，形势愈加严重，使我们从事乡建工作者，不得不自问现在民族危急存亡之际，究竟我们所做的工作，对于民族自救有何帮助，有何关系？一方面，天灾、国际形势之严重程度，比前更加厉害；在另一方面，自己觉得乡村工作微渺零碎，两相比较，殊觉苦闷。此种苦闷，为在目前念及民族前途者人人所共有，所以各方面的人都在那里感觉苦闷，都在那里估量自己的工作，对于救亡图存有何帮助，有何关系？我们乡村工作同仁当然不能例外。并且乡村建设之目的，为中华民族自救，所以乡村工作同仁，在目前所感觉的苦闷愈甚。[1]

此时已是1935年。也可说，对于乡建工作而言，是时不佳来运不佳。南北各方，特别是有眼光的人士，已经认识到"中日早晚有一战"。中国共产党已经于1935年8月1日发表了《抗日救国告全体同胞书》（即著名的《八一宣言》），并且在瓦窑堡召开了布置建立"抗日民族统一战线"工作的会议，直陈国际国内形势的严峻性。自此，乡村建设和平民教育运动所特别需要的和平环境，已经越来越无法保证了。此为第一。雪上加霜的是，从事乡村建设运动的各位同人，正在怀疑这种见效缓慢的工作，对于急迫的救亡图存压力究

[1] 乡村工作讨论会编：《乡村建设实验》（第3集），中华书局1936年版，第16~17页。

竟有何帮助。此为第二。

前有形势的压力，后有思想的动荡。联合各地乡村建设实践、统一思想认识的工作讨论会，至此已是风雨飘摇，难以为继。尽管有各位领袖在各种场合激励士气，然而此等松散的组织，当此困难的客观环境，难免“王小二过年，一年不如一年”。

加之伴随着民国军阀混战、派系斗争的社会现实，民国的学术研究也是有些混乱。有正题，必有反题，可惜就是没有合题。乡村建设实验的工作的讨论会，诞生了三卷有分量、有实际内容、有正面行动的会议文集——《乡村建设实验》（共3集），后面加上了1卷《中国乡村建设批判》。前面的人，尽管卯足精神搞建设；后面的人，尽管展开理论玄谈的批判，但却很难走到一起来。民国人物学黑格尔、学马克思，学习他们的辩证法。一些人学会了正面的建设，一些人学会了反面的批判。同样也很难走到一起来。晏阳初受学于耶鲁，虽然也熟悉西方哲学的批判性思维，不过他有其作为儒家君子兼基督信徒的基本信仰，一生不事否定。他绝不参与争论，连学术之争都不参加。惜哉！晏老。

对于正在起变化的形势，难道晏阳初是不想去扭转？不是。一句话，也许是精力有限，他只专注于做自己认为正确的事情。在他的批评者发起论战之后，他没有去找寻综合正反两方面意见的第三条道路。当然，也有证据表明，那项工作可能不是他的事情。所以，我们今天看不到一张晏阳初对此发表的反驳性文字。

反观历史，当年的建设者，大多都已经不再从事乡村建设的实践；当年的批判者，或许在其他场合成为被批判者，或者已无心再对乡村建设运动做批判。当年的批判者和被批判者，终于走到一起来了的时候[1]，却又都耄耋老

[1] 1985年9月，晏阳初回国，与当年各方同志、诤友相聚一堂。

矣。剩下一个晏阳初，在世界各国继续奔走搞乡村改造。幸喜，德不孤。相逢一笑，尚有兄弟、同志多人在！

## 最高学府谈救亡

晏阳初的定县实验，引起了各著名高校教育学方面人士的注意。当时的中国，电话没有普及，电视更没有普及，网络传媒更是天方夜谭，所以，一个地方的成功经验的传播，是十分缓慢和困难的。在这种情况下，人们要吸收新鲜事物和先进经验，方法不外乎有几种，比如报纸、信件以及口口相传（口碑）。定县实验开展几年之后，各种传播途径已经能够把它的大概说清楚了。不过，大家总感觉有些间接、有些玄远，更或者以为那是一种理想主义。

为此，参观过定县试验区、邹平乡村建设研究院的吴俊升，特邀请晏阳初为学生做一场公开讲演。幸喜，尤潜记录下了这次讲演的因果、大意，且笔记甚详。70多年后，我们也能大致窥其全貌。其前言曰：

1935年3月25日午后四时，北京大学文学院教育系，特约晏阳初先生在该校第二院礼堂公开讲演。听者多为北大学生，各界前往听讲者，为数亦复不少。正四时，北大教育系主任吴俊升氏导晏氏登台，先由吴氏致辞介绍晏氏，并谓教育最初本只为少数人而设，西洋近百年开始扩充于多数人，中国之普及教育，即平民教育，由城市而趋于农村，此种划时代之大工作，晏先生实为领袖。晏先生今日所讲演之题目，为“农村教育问题与农村建设问题”，能将其实验之所得告诉我们。吴氏致辞毕，即由晏氏讲演，兹志其讲词大意如下（按：此系本人当

场所笔记，极简略，因晏先生当晚即返定，未及请晏先生校正，如有错误，当由笔记者负责）……[1]

尤潜的笔记，从一个侧面反映了晏阳初在乡村建设和农村教育事业中的地位。晏阳初的讲演，从另一个侧面反映了晏氏的教育救国论。

当时，中国社会最为关键、最为紧迫的问题是救亡图存。随着日本侵华加剧，华北的形势已经十分紧迫了。身处教育界的晏阳初，担起了于公于私都应有的责任，在各种场合都谈救亡图存。此时的晏阳初，把教育作为救亡图存的一种工具，但这种工具是需要打磨、需要磨炼的。

为着救亡图存，晏阳初认为应当有一种计划教育，教育的内容和方式，以及一切的一切，均须有计划。其中，最急需、最迫切的有三点：

第一，培养知识力，最低限度须培养其知民族意识与国家观念，能够自觉自强。吾人站在教育者的地位，一切一切都要启发他们。

第二，培养科学的生产力，更换那些老农的旧习惯和旧技术，使其了然人力可以胜天，一切自己均可创造，即养成其自给自养的能力。

第三，培养组织能力，养成纪律生活，方能自卫自保。[2]

以前听见人们批判“教育救国论”，尚觉得批判得有七分道理，等到看到的资料日多、接触的社会事实日广，即觉得“教育救国论”、“教育建国论”反倒有七分的正确。

此一段故事大多已是陈迹。末了，晏阳初呼吁：“当此山穷水尽之时，只有农村有光明的希望。”过去是对的，现在也没错。不过，要是农村待不住人，留不住能人，农村哪里又有胡子眉毛那么多的希望呢？

---

[1] 詹一之编：《晏阳初文集》，四川教育出版社1990年版，第189～192页。
[2] 詹一之编：《晏阳初文集》，四川教育出版社1990年版，第190页。

# 十　膺选殊荣

基地乃成功的根本。任何新的事物，有基地才有生命力。定县实验，是以一个县作为学术的基地、作为“社会的实验室”，进行整个社会问题的科学研究。一大批学有所长的高级、中级知识分子，潜心深入一向被遗忘冷落的老农老圃的生活中间，向他们虚心请教。在调查学习中，研究问题、认识问题、解决问题。这一做法，不能说是唯一的，但几十年后来检验，无论是大家，还是小家，对此都不至于乱发瘪言，更不至于随便提干劲。

虽然吴相湘在晏阳初未去世之前的传记不免有溢美成分：“这实在是一具革命性、奋斗性、生命力的最新尝试；等于在人迹未到的林莽丛中，辟划出新途径一样，是艰苦的、极易迷路的；然而成功以后的影响却是非常深远的。”[1]然而，一个民间学者，在死后几十年之后，还不断有成千上万、社会上中下层的追随者加入他的事业，这不能不说，他肯定做了某些大家都认为正确的事情，大家都认为在很长时间内还会继续正确的事情。

---

[1] 吴相湘：《晏阳初传》，台北时报文化出版事业有限公司1981版，第307页。

1943年，晏阳初荣膺“现代世界最具革命性贡献的十大伟人”称号。

# 国内各方的广泛关注

前已叙述，晏阳初等引导的乡村建设运动，引起了南京国民政府的高度关注，促成了内政会议的召开。定县实验的指导思想和具体做法，成为民国政府“发展地方自治，实现县政改革”纲领的蓝本。[1]

定县实验，正值中国农村经济破产、社会崩溃之势愈演愈烈之时。“全国上下似乎有一种共同的觉悟，就是要救济中国，必先救济中国的乡村，要建设中国，必先建设中国的乡村。因为乡村是中国社会的基础，一切问题的重心。”[2]基于这样的一种普遍认识，乡村建设演变为一种社会运动。三次乡村工作讨论会的召开，是这一社会运动的检阅。而定县实验，正是这一运动中规模最大、时间最久的中心。夫复何言?

三次乡村工作讨论会，使全国有志于乡村改造的各方人士有机会聚集一起，交流了乡村运动的意见与经验，“实现了农村改造的大联合”，推动了这一运动的发展。晏阳初相信，乡村改造者从研讨交流中，认清农村运动的使命，自己工作的性质，各自的特点，同时发挥合作精神，共同策划、彼此分工、彼此合作、互

[1]《第二次全国内政会议报告书》，中华民国内政部1932年12月刊，第1~4页、第210~227页。

[2] 傅葆琛：《乡村运动中之乡村教育》，陈侠编：《傅葆琛教育论著选》，人民教育出版社1994年版，第310页。

相辅助，就会在“培养民族的新生命，振拔民族的新人格，促进民族的新团结”[1]中，大有作为。

## 要有人，要有钱

有更多的人愿意加入某一事业，那么这一事业必然会壮大。一方面，形势需要成立华北农村改造协进会，另一方面，扩大影响亦需要有更多的能人异士的加入。

1936年4月，华北农村改造协进会在北平成立。晏阳初被推为执行委员会主席，而委员都是些为人熟悉的、天赋异禀的人才、怪才、天才，如张伯苓、梅贻琦、陆志韦、瞿菊农、陈志潜、何廉、谢家声等。协进会的宗旨是培养更多有聪明才智、强毅热烈的青年，充实农村学术研究，为国家基本建设贡献纯正的学术方法和材料工具。

天地人三才备，日月星四时正。草台班子一搭成，接下来的事情就是开足马力干活。协进会由六个机构组成，各有分工。平教总会负责一系列的农村改造工作与平民文学；清华大学负责工程；南开大学负责经济及地方行政；燕京大学负责教育及社会行政；协和医学院负责社会卫生；金陵大学负责农业。各个机构都拿出了他们最擅长的看家本领，在华北平原开演了一场大戏……

具体的研究训练工作分头进行。定县为教育、社会卫生、农业的研究训练基地，山东济宁为经济、工程、社会行政、民政的研究训练的基地。学生学习一年后再派往其他地方实习研究。学生分本科生及研究生两种，成绩优良

[1] 宋恩荣主编：《晏阳初全集》（第1卷），湖南教育出版社1989年版，第303页。

者可获得奖学金。

高等学校与农村实地研究联系起来，通力合作，这在中国教育史上有首开风气之功。当时的状况是，在一个泱泱的农业大国，高等教育面对农村社会的挑战，长期以来未能做出积极的反映。一般的大学，不知道农村的需要，不知道农民的疾苦。教育的内容与培养出的学生，不切合农村的需求。大学毕业生迷恋于城市的安逸，而不愿去条件恶劣的农村，实际上成为“民盲”。在这种情况下，高等教育与农村改造事业的结合，对中国高等教育改革是极有意义的事情。

话分两头说。这一协进会，意义自不待言，但是，具体的操作，则需要资源来做后盾。比如，奖学金来自哪里？研究生的工作怎么安排？又如何能够让天子骄子——大学生自愿到农村去？一环受阻，二环亦堵。没点本事，这个工程是拿不下来的。晏阳初充分发挥了他的学科优势，因为他在耶鲁学习“社会心理学”课程的成绩是“A”，对于“态度改变”的说服方法，掌握得炉火纯青。他说服了美国洛克菲勒基金会，给协进会每年提供30万美元的资助，连续资助3年。基金会通过评估检查，觉得效果比预期的好，所以多给了10万，3年共拨款100万美元。

这样看来，学好社会心理学，有好处。

## 审慎、独立地合作

定县实验的成功，更吸引了基督教系统的关注。晏阳初回国之初就在基督教青年会工作，后来离开青年会，转而成立平教会，不过二者之间一直有合作和交流。1930年4月，全国基督教识字运动研究会在定县举行。来自11个省的教会代表，约91人，听取了晏阳初与平教会同人向他们讲述的有关识字运动的推行方法、千字课教学法、平民教育内容、社会调查方法等。会议为期两周，各地教会代表还实地参观了平民学校的教学、表证农场等。该会议促成了各地教会纷纷推广定县实验的成果和推行平民识字运动。后来，1933年春，全国基督教农村建设研究会又在定县开会，来自14个省的各教派代表180人参加，许多中外名流和报馆记者同来参观。平教会对此亦是毫无保留地传授经验。

基督教关注中国的乡村问题，自有其历史动因。1922年3月，中国爆发了旨在揭露帝国主义利用教会，使其成为侵略工具的罪恶本质的运动。为了摆脱洋教丑号的不利境地，中华基督教协会发起了“本色教会运动”，即所谓“使教会与中国文化结合，洗刷西洋的色彩”。“本色的教会运动”的重点即放在农村，着重开展农村改良活动。他们在江苏省江宁县淳化镇设置了农村实验区，其中试验田36亩，作种植试验场。同时，他们还开展了乡村服务与乡村合作信贷实验，由金陵神学院和金陵大学农科所负责试行，美国传教士毕范宇（Frank Wilson Price）主持各方工作。另外，在江西赣州，也有江西基督教农村服务联合会的实验，开展了教育、妇女、卫生、农业、新生活等试点。名为社会改良，实则具有明显的政治色彩。

对于基督教的乡村改良，晏阳初持冷静的保留态度。在交流和合作上，有所考察、有所选择，时刻保持着一定的距离。一位叫约翰·赫西的美国传教士，写了一部名为《召唤》的书，该书是一份对当时中国社会的有参考价值的报道。它记录了耶稣教徒从19世纪30年代至20世纪50年代在中国大约120年的活动，其中，有一位来自美国纽约州北部农村的传教士戴维·特雷杜普，在中国有45年的传教经历。他曾与晏阳初应基督教育青年会召唤，在法国华工营有过合作经历——服务华工、开展识字运动。晏阳初回到中国，深入北方农村推进平民教育，开展四大教育与普及农业科学的乡村建设运动的事业，深深吸引了戴维，他也曾多次到定县去考察，并向晏阳初提出请求，希望与晏阳初继续合作，共同推进事业。鉴于他传教士的身份与肩负着“本色化教会”的责任，晏阳初谢绝了他[1]。

晏阳初的这一态度，其实并不令人费解。他不是一概拒绝与外国人的合作，平教总会的工作人员中就有美国籍女士金淑英；同时，晏阳初定县实验和其他地方乡建工作的经费资助，也主要来自美国民间和富豪们的基金会。但是，晏阳初认为，这一切的一切，都须恪守一个原则，那就是保持独立性。正如晏阳初早已声明过的那样，平教运动与乡村建设运动要保持中国化与民族化的特色。这一中国化、民族化的运动，“正是为培养国民的元气，改进国民的生活，巩固国家的基础。无主义的主奴，无党派的左右，无宗教的成见，无地方的畛域，无个人的背景，无新旧的界限……虽以爱国为精神，而不偏于狭隘的国家主义；虽以爱世界为理想，而不偏于广漠的世界主义；至于宗教上或党派上的信徒，尤其任国民的自由意志去选择，绝不挟入平民教育来宣传，这亦是同人良心上的主张，人格上的自信”。[2]

晏阳初虽是一个虔诚的基督教徒，但他从未将基督教的宗教活动挟入他的事业。他只在其处世哲学上，体现了基督精神。

# 延安有希望

## 1. 抗战烽烟催人急

自1933年日本军队侵入山海关内后，河北情势日渐恶化。日本军部指使

---

[1]〔美〕费正清：《观察中国》，四川人民出版社1992年版，第28～33页。

[2] 宋恩荣主编：《晏阳初全集》（第1卷），湖南教育出版社1989年版，第117页。

浪人及失意政客，策动华北特殊化，成立“冀察政务委员会”，河北、察哈尔事实上成为半独立地区。地处河北腹地的定县渐渐面临着日本侵略者的威胁，平教会的实验计划难以正常推进。平教会只是一个十分单纯、十分民间的私人学术团体，想要在这种环境下，以定县作为指导全国各地乡村实验的学术中心就显得愈来愈困难。

形势逼人，乡村实验必须寻找新的出路。平教会民主讨论决定，自1936年6月开始，总会机关逐步迁往湖南长沙。定县则留作华北农村建设协进会的基地，继续培训人员，并开展有关实验工作。

迁往长沙的平教会，除继续开展平民教育和乡村建设外，将一定的精力投入抗日救亡运动。1937年8月，在国民政府组织的国防最高会议上，委员26人都是在野的学者名流，晏阳初名列其中。他分工负责川湘地区（包括广西在内）的抗战动员工作。在湖南，从1936年平教会迁来长沙后，他即说服了省主席何健，由平教会在衡山办起了实验县。后来又在新任省主席张文伯的支持下，组织农民抗战教育团，分赴湘南、湘中各县向农民宣传抗战，并对全省75个县的县政工作加以改革。同时，继续开展改进农业生产、提倡医药卫生、成立湖南省地方行政干部学校等工作。

华北日急，民族危亡！在这国难当头的情势下，平民教育乡村建设如何推进？民众如何组织？晏阳初观察、思索、讨论全国的大形势，谋定而后动。虽然全国的抗战烽烟燃起于西安，导源于延安，但对延安的具体情况如何，平教会知道得并不具体。于是他们决定派人到延安去，考察中共方面的情况，听取他们有关组织民众等方面的建议。思前想后，这一任务就落在了平教总会干事堵述初的身上。

### 2. 道阻且长行难忘

堵述初，何许人也？他最后的生平信息，恐怕只知道他曾在南京市第四中

1937年，平教会干部在长沙农民抗战教育团进行抗日宣传。

学工作，20世纪90年代还活着，高寿。余下者，恐怕就“烟波微缈信难求”了。零星所知者，诸如，大公报写手、平教会会员等等。不过，他为后人所周知者，是他受平教会所派，赴延安见毛泽东。

1928年大学毕业后，由平教元老陈筑山推荐堵述初到定县实验区工作。在定县8年多来，他先后参与平民文学、识字教育、历史图说等编写，兢兢业业又颇具才华。同时，他在定县平教会工作期间，与中共要人王若飞的舅舅黄齐生情意甚笃，所以，到延安出公差便由他去。加上，神秘的革命圣地延安，确实也早让他神往，因此这次衔命访问延安，更是没有犹豫。

辗转到延安。堵述初，携手孙慧迪、孙慧畴（分别是孙伏园的长子和次子）于1938年5月6日，从长沙启程西行。出发前，他拜访了时在长沙的中共元老、毛泽东的老师徐特立。徐特立为他写了一封介绍信，给八路军驻武汉办事处主事的董必武。他们溯江而上，到武汉后，再由董必武开介绍信，转给八路军驻西安办事处的林伯渠。他们从武汉取道西北方向，抵达古城西安，由林伯渠再亲笔转写信函给陕甘宁边区政府。如是辗转，经过半个月的行行复行行，下水上山，轮船火车，可能还有吉普车抑或鸡公车、牛马车，他们终于到达高原深处的延安。

他们在延安受到热情而礼貌的接待，但是没有马上见到毛泽东。到达延安的准确日子是5月22日。因为恰巧是周日，所以活跃在这里的几千位怀揣理想的青年都来到了这小小的古城延安的街上。平教会也早就有青年到了这里，如白芸（1909—2005，字志耕，1933年加入共产党）、欧阳红缨（中国救亡剧团前身、上海救亡演剧二队的队员，自1937年开始，在洪深的带领下，与冼星海等演出了《放下你的鞭子》、《保卫卢沟桥》、《九一八以来》等抗日救亡剧，1963年与崔巍联合执导了著名影片《小兵张嘎》）。老同事见面，分外亲切。

接下来的日子，堵述初一行，主要是考察和访问。他们参观访问了边区政府、抗日军政大学、陕北公学、鲁迅艺术学院、监狱等设施，考察了边区政制、司法、土地改革、婚姻、财政、边区建设、农业、文教、民众运动等有关情况，见到了后来为人熟知的中共高级官员，如周小舟、罗瑞卿、王若飞等。当然，最重要的成果是会见了中共最高领导人毛泽东。

### 3. 延安月明又星稀

自从梁漱溟访问延安以来，毛泽东对平民教育与乡村建设事业更加关注。所以，堵述初的到来，毛泽东自是十分高兴。层层安排之下，接见堵述初的日子选在了1938年的6月12日。

那是一个值得关注的日子。这一天，是为农历戊寅年，戊午月乙亥日，五月十五。老黄历上说，此日的五行属于山头火，意味着照耀四方，扬名立万。不过，历史上看，这一天，抗日战争打得十分艰难，正面战场节节败退；这一天，安庆沦陷；这一天，抗日战争初期中国投入兵力最多、战线最长、坚持最久、牺牲最大的一次战役——武汉会战爆发。武汉会战一结束，抗日即转入相持阶段。选在这一天，也算巧合。

月儿异常圆。忙活了一天的毛泽东，就着明亮的月光，接待了堵述初。“你觉得我们的工作有什么缺点呢？”在堵述初进入毛泽东的宿舍，二人稍事寒暄之后，毛泽东即十分谦和地询问。不善于说假话的堵述初，将近一月了解到的关于延安民众文化程度、公共卫生方面的意见坦率相告。毛泽东认为这是确实的情形，并且说：“这里的缺点，还不只这些哩！”

### 4. 面向未来需客观

接着，双方便谈到了平民教育运动。毛泽东直接以平民教育运动的前途相问。堵述初略述了平教会以及定县实验的性质、私人学术团体的立场，以及在当时的社会政治环境下面临的困难。

毛泽东同情而坚决地说道：“政治是最基本的、最主要的。平教工作的大规模发展，必须有为平民的政治，一切推进的方法，还在其次。梁漱溟先生是个很认真的人，他到这里来过，自认他的工作失败了。我看他失败的原因，就是站在政府与人民之间而希望得到一点政府力量，去为人民做事。政治的问题，主要是对人民的态度，看你是想和老百姓做朋友还是站在老百姓头上压迫他们。”接着他谈到了农民问题。

“农民的性格，有两个方面，一是黑暗的，如自私自利、愚蠢守旧等。一是光明的，如急公好义、勇敢牺牲等。政治的作用，便在发动他们这光明面的积极性，逐渐克服他们的黑暗面，实现民主的政治。”毛泽东以他过去在江西兴国从事农民调查时的经历，讲述了有时农民比知识分子还高明的观点。

毛泽东对定县实验中关于县政机构的改革、乡村建设委员会与青年服务团、组织教育、传习教育等许多工作表示了很大的兴趣。对中华民族的抗日战争，表示了乐观的意见与坚定的信念。他相信农民有无限的伟力。认定日本侵略者在中国越深入将愈加困难。表示要发展游击战，把敌人困死。他认为平教会正进行县政实验的湖南衡山也将可能变成战区，他希望“平教工作也要注意游击战争”。他对晏阳初在湖南发动农民，举办农民抗战教育团的做法表示赞赏。

在访问的最后，毛泽东庄重地表示，对晏阳初先生与平教总会的人们，“以宗教家的精神努力平教运动，深致敬佩”。并且热切期望平教会现在继续积极做推广工作，希望能有几千万的优秀干部去参加。告别的时候，毛泽东又握着堵述初的手，郑重地表示：“共产党愿做你们的朋友！”[1]

半个月之后，在湖南长沙麻圆岭的住宅里，晏阳初一边听取了堵述初访问延安的详细汇报，一边认真做笔记，不时表露出欣然愉悦的神情。两天后，又请堵述初为在长沙的平教会同志作了访延报告。同时，命堵述初把谈话的记录，整理成《毛泽东先生会见记》，发表于平教会《民间》半月刊上。

### 5. 宗教精神为哪般?

1938年，作为马克思主义者的毛泽东，当然不是指斥虔诚的基督徒晏阳初是在传布“精神鸦片”。那么，他所谓的宗教家的精神是什么呢？乡建校友朱健揣测：“其‘深致敬佩’者，大约是意在弘扬一种巨大热情、执著追求和虔诚奉献精神吧。”[2]他回忆，当他40年代就读于重庆北碚歇马场中国乡村建设学院时，每逢师生集会，十来年始终如一地全体起立，恭敬行礼如仪，共

---

[1] 堵述初：《毛泽东先生会见记》，宋恩荣主编：《晏阳初文集》，教育科学出版社1989年版，第395～400页。

[2] 朱健：《免于愚昧无知的自由——晏阳初种种》，《读书》1990年第9期。

唱《中华平民教育运动歌》。众人高歌，激越昂扬、苍凉悲壮，浸淫其中，的确能感受到几分宗教情感。近期，各位还在世、但都已届垂暮之年的乡建校友，吟唱校歌，依稀间如同梦见当时就已经年近花甲的晏院长。每逢他们记起集会上他那引吭高歌的身姿，那一副笃诚笃敬、肃穆庄恭、虔诚布道的形象，无不泪眼婆娑。

坐而论道、起而力行，历经几十年的风雨，晏阳初仍然躬行践履，一步一个脚印地走过他漫长而曲折的平民教育之路。

1927年，他发出沉痛的呼声："吾辈羞视三万万以上的同胞，在20世纪的文明世界流而为文盲；吾辈恐惧四万万的大民族，不能生存于智识竞争的世界……更羞见有五千余年的历史，自尊为神明贵胄黄帝的子孙，对于20世纪的文化无所贡献。四顾茫茫，终夜徘徊。"[1]

1985年，他仍然是一副精瘦困穷的样子："好些著名的运动，一年预算成

20世纪40年代，中国乡村建设学院部分学生在歇马场大磨滩旁。

[1] 宋恩荣主编：《晏阳初文集》，教育科学出版社1989年版，第116页。

千上万。（而）我们苦极了，沿门托钵、入不敷出，但还是干下去。这个很小很穷的运动能叫全世界最有名的大科学家、大政治家、大教育家尊重、选举，简直是了不得……我们是躬行实践的人，不是坐而谈，起而不行；我们是坐而谈、起而行，言必信、行必果。”[1]

1987年，已经是97岁的人啦，他还怀着一颗赤子之心，愿意把他及其同人“70多年在乡村深入民间，认识问题、研究问题、协助人民解决问题所取得的一点知识献给祖国”。[2]

为一件事，奋斗一生。难不难，诸公可以自己去试一下。

## 大事还在殊荣后

### 1. 惊闻获“巨”奖

晏阳初在国际国内，通过各种途径筹集人、财、物等资源，用于乡村改造和平民教育实践的同时，还在世界反法西斯主义的事业上积极贡献自己的力量。1936年，平教会先后迁往长沙和重庆之后，晏阳初常常奔走于世界各国。巧合，也在奔走中引发……

1943年年初，德国在斯大林格勒保卫战中失败，美国决定在欧洲战场用更多的力量以加速德国的投降。二战胜利在望。1943年3月，晏阳初受邀赴华盛顿，参加“战后问题中国研究小组”工作，以便策应中、美、英、苏四国代表关于战后建设及赈济等问题的布局。在美工作了大约两个月，有一天，晏阳初

[1] 宋恩荣主编：《晏阳初全集》，湖南教育出版社1992年版，第481页、第486页。
[2] 宋恩荣主编：《晏阳初全集》，湖南教育出版社1992年版，第489页。

突然收到一封耶鲁老校长的来信……

来信告知晏阳初他获得了一个奖。因各种原因，这个奖被宣传得不多。这个称号的准确提法，据《中国大百科全书·社会学》说，是“世界上为社会贡献最大、影响最广的十大名人”。但是，客观地说，获此称号的人，全中国人都知道的，只有一个爱因斯坦。其余的获奖者，若不专门提起，其实并不是那么知名。晏阳初接到信也是有些吃惊。

其实，知道了这个称号的前因后果，即知天才是一步一步走来的，殊荣是不断努力获得的。中国传统蒙学教材《名贤集》，开篇就说“但行好事，莫问前程”。有以为也！

### 2. 老师好，学生好

晏阳初收到信的准确日子是1943年5月13日。当时，北美的学术机构因为没有战乱之忧患，潜心科学研究及其科学的社会功能的研究，所以，科学史的研究和反思也受到美国的重视。鉴于哥白尼在科学史上的重要地位，恰逢当年5月24日是哥白尼逝世400周年纪念日，所以，西半球各国几百所高等学术机关，准备以适当方式纪念这位伟人，并奖励为科学及其普及做出贡献的现代人。纪念委员会公推安吉尔任委员会的主席。

安吉尔（Dr. James R. Angell），何许人也？知道了他，大家应该不会认为晏阳初是个天才，或者会认为，天才也需要认真学习、也需要认真干活。

安吉尔与晏阳初的师承关系，为平民教育和乡村建设的科学性添色不少。他本人，不仅是一个科学家，更是一个教育家。作为科学家的他，是美国机能主义心理学的重要代表，芝加哥学派的主要建立者。在《机能心理学的领域》（1906年发表于《心理学评论》——一本相当权威的杂志）一文中，他提出了机能心理学的主要命题，认为，机能心理学是研究有机体与环境的全部关系的学科，意识的基本机能是改善有机体的适应活动。这些理论，为无意识、习惯等领域展开行为研究打开了方便之门，同时扩大了心理学应用研究的领域。晏阳初的许多实践应用，直接得益于安吉尔的研究。

安吉尔是没有博士学位的博士。安吉尔在著名心理学家威廉·詹姆斯的指导下获硕士学位，但是，他是著名心理学家中未获得博士学位、但获得荣誉博士学位最多的一人，一生总共获得23个荣誉博士学位。1905年，他被选为美国心理学会第15任主席，推动了机能心理学的发展。

作为教育家的安吉尔，担任过芝加哥大学的代理校长和耶鲁大学的校长。在任期间，做出过十分重要的成绩。在安吉尔担任耶鲁大学校长期间（1921—1937），他一改耶鲁的保守风气，使之成为引领美国高等教育发展方向的世界著名大学之一。他的改革措施包括：积极推进学校各组成部分的协调发展，高度重视研究工作，重点加强研究生院和专业学院的发展和建设；对耶鲁的各个学院进行了改造，重视财务管理和人才遴选。

最为关键的改革是教学质量建设。当时，20世纪20年代的耶鲁大学处于极好的发展势头。在学生趋之若鹜的情况下，安吉尔校长却毅然决定放慢扩大规模的速度，坚持质量优先的原则。他第一个在美国高校中实施限制招生、保证质量的发展战略。

在这样的教育家的言传身教下，晏阳初自是获益良多。借鉴老师的经验，自是十分自然。老师好，学生好，老师和学生都好。

### 3. 是殊荣，也是枷锁

安吉尔为耶鲁有晏阳初这样的学生而感到高兴。所以，他按捺不住激动的心情，提前将表决名单的结果告诉了晏阳初，但请他“将这事列作最高机密”[1]。

直到发信的时候（5月10日），安吉尔才知道晏阳初在美国。所以，晏阳初对这一极高的荣誉有些意外。按照中国人的传统性格，老子“三绝”而不敢为天下先，这样的盛名是不便领受的。所以，晏阳初在给老校长的回信中颇感踯躅、颇为犹豫。对此，安吉尔再次写信安慰晏阳初：“我完全了解你对这一邀请的犹豫和谦逊。但表扬委员会深切感觉，你所做的是将你万千同胞的心扉敞开来面对世界，这毫无疑问是在我们生活的时代中一项极大的贡献。不说其他，只就你将现代科学方法引进中国农村就够重要。我确信你目前不甚舒适，但你的同胞们的基本利益必将由此举而更增加。”[2]

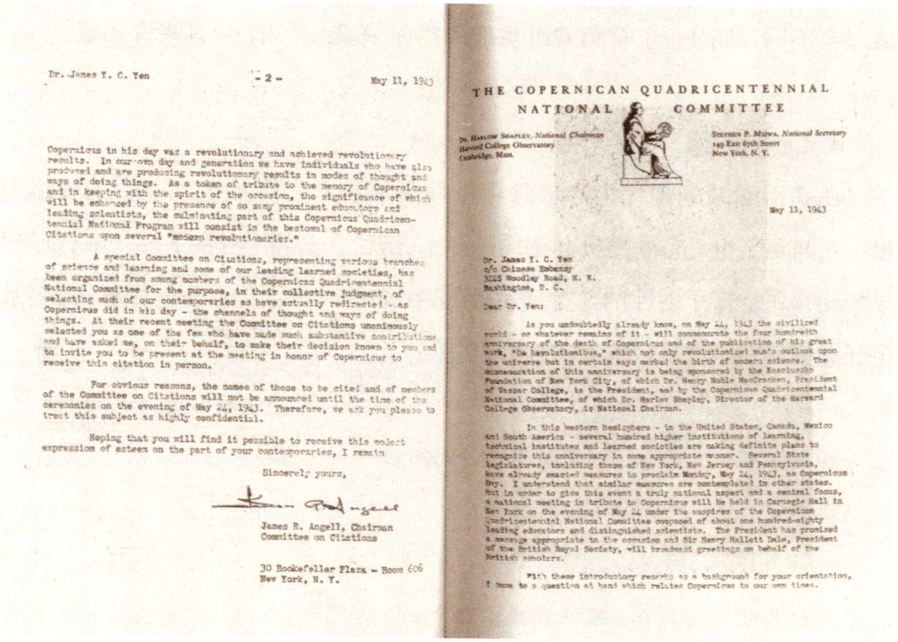
Dr. James Y. C. Yen - 2 - May 11, 1943

Copernicus in his day was a revolutionary and achieved revolutionary results. In our own day and generation we have individuals who have also produced and are producing revolutionary results in modes of thought and ways of doing things. As a token of tribute to the memory of Copernicus and in keeping with the spirit of the occasion, the significance of which will be enhanced by the presence of so many prominent educators and leading scientists, the culminating part of this Copernicus Quadricentennial National Program will consist in the bestowal of Copernican Citations upon several "modern revolutionaries."

A special Committee on Citations, representing various branches of science and learning and some of our leading learned societies, has been organized from among members of the Copernican Quadricentennial National Committee for the purpose, in their collective judgment, of selecting such of our contemporaries as have actually redirected - as Copernicus did in his day - the channels of thought and ways of doing things. At their recent meeting the Committee on Citations unanimously selected you as one of the few who have made such substantive contributions and have asked me, on their behalf, to make their decision known to you and to invite you to be present at the meeting in honor of Copernicus to receive this citation in person.

For obvious reasons, the names of those to be cited and of members of the Committee on Citations will not be announced until the time of the ceremonies on the evening of May 24, 1943. Therefore, we ask you please to treat this subject as highly confidential.

Hoping that you will find it possible to receive this select expression of esteem on the part of your contemporaries, I remain

Sincerely yours,

James R. Angell, Chairman
Committee on Citations

30 Rockefeller Plaza - Room 606
New York, N. Y.

THE COPERNICAN QUADRICENTENNIAL NATIONAL COMMITTEE

Dr. Harlow Shapley, National Chairman
Harvard College Observatory
Cambridge, Mass.

Stephen P. Mizwa, National Secretary
149 East 67th Street
New York, N. Y.

May 11, 1943

Dr. James Y. C. Yen
c/o Chinese Embassy
3225 Woodley Road, N. W.
Washington, D. C.

Dear Dr. Yen:

As you undoubtedly already know, on May 24, 1943 the civilized world - or whatever remains of it - will commemorate the four hundredth anniversary of the death of Copernicus and of the publication of his great work, "De Revolutionibus," which not only revolutionized man's outlook upon the universe but in certain ways marked the birth of modern science. The commemoration of this anniversary is being sponsored by the Kosciuszko Foundation of New York City, of which Dr. Henry Noble MacCracken, President of Vassar College, is the President, and by the Copernican Quadricentennial National Committee, of which Dr. Harlow Shapley, Director of the Harvard College Observatory, is National Chairman.

In this western hemisphere - in the United States, Canada, Mexico and South America - several hundred higher institutions of learning, technical institutes and learned societies are making definite plans to recognize this anniversary in some appropriate manner. Several State legislatures, including those of New York, New Jersey and Pennsylvania, have already enacted measures to proclaim Monday, May 24, 1943, as Copernicus Day. I understand that similar measures are contemplated in other states. But in order to give this event a truly national aspect and a central focus, a national meeting in tribute to Copernicus will be held in Carnegie Hall in New York on the evening of May 24 under the auspices of the Copernican Quadricentennial National Committee composed of about one hundred-eighty leading educators and distinguished scientists. The President has promised a message appropriate to the occasion and Sir Henry Hallett Dale, President of the British Royal Society, will broadcast greetings on behalf of the British scholars.

With these introductory remarks as a background for your orientation, I come to a question at hand which relates Copernicus to our own times.

1943年，晏阳初荣膺“现代世界最具革命性贡献的十大伟人”称号的有关文件。

[1] 吴相湘：《晏阳初传》，岳麓书社2001年版，第340页。
[2] 宋恩荣主编：《晏阳初文集》，教育科学出版社1989年版，第350页。

其实，安吉尔校长并不完全理解阳初先生那时的心情，更不知中国的江湖社会，遵循中国特色的行为法则。在中国，有盛名、有殊荣，意味着你未来的日子必须干得更多、干得更好，否则，世人必将送给你一个常用的专业术语——“沽名钓誉”。而且，殊荣之后，误解也将随之而至。人们对历史人物的评价，往往很难坚持“只评价他做了什么，而不去评价他还有什么应该做而没有做”。晏阳初毕竟是深受传统濡染的、中国的社会学家——此种顾虑，亦颇为正常。压力自然很大！

大会间隙，爱因斯坦、晏阳初和大会主讲人沙普利（Harlow Shapley）博士合影（第138页照片）。与微笑着的爱因斯坦和幽默的沙普利不同，我们完全可以从晏阳初的表情感受他那时的心情。此时的他，与他一贯微笑着的表情完全不同，如同一个背负着沉重枷锁的基督徒，严肃，兼有些许无奈。

**4. 取意高远**

在获得殊荣的现代世界最具革命性贡献的十大伟人中，并非只有爱因斯坦一人闻名于世。推举委员会按照“实际贡献”为标准，考察了那个时代已经显现出来的、有开创性的人物，得出了表扬名单。以今天的眼光看来，大多数也还是公正的。这个名单上的人物，包括：

物理学家、1921年获诺贝尔奖的爱因斯坦

哲学家、教育家约翰·杜威

福特汽车公司创始人亨利·福特

飞机发明家奥维尔·赖特和威尔伯·赖特两兄弟

物理学家、1939年获诺贝尔奖的欧内斯特·奥兰多·劳伦斯

迪斯尼乐园创始人、“唐老鸭与米老鼠之父”沃尔特·迪斯尼

生物化学家、1946年获诺贝尔奖的温德尔·梅雷迪思·斯坦利

世界第一架实用直升机、第一架大型轰炸机的发明者伊戈尔·西科尔斯基

晏阳初（James Yen）

当时，并不是所有得奖的人都已经有如日中天的声誉。例如，斯坦利是1946年才获得诺贝尔奖，而在1943年获得十大伟人称号时，他只有39岁。劳伦斯的工作性质，加上当时正在加紧对德作战，研制核武器，所以无法在公众场合宣传太多。在西方人看来，晏阳初和他们从事的事业，其实是一样的，那就是科学普及工作。所以，在对晏阳初的表扬状上，委员会的表扬词是这样写的：

杰出的发明者：将中国几千文字简化且容易读，使书本上的知识开放给以前万千不识字人的心智。又是伟大人民的领导者，应用科学方法，肥沃他们的田土、增加他们辛劳的果实。[1]

在宴会上，对于誉满天下的爱因斯坦，晏阳初很少谈到他的相对论和他在理论物理方面的贡献。然而，爱因斯坦对这位来自东方的忘年之交则十分尊敬。其实，吸引爱因斯坦的，并不是各自对人类有益的事业，而是他们对事业的看法。那天晚上，晏阳初仅仅谈到了一篇超越各自主要活动领域、但是又关涉人类福祉的文章——《悼念玛丽·居里》，一篇爱因斯坦写于1935年11月23日的文章：

在像居里夫人这样一位崇高人物结束她的一生的时候，我们不要仅仅满足于回忆她的工作成果对人类已经作出的贡献。第一流人物对于时代和历史

[1] 吴相湘：《晏阳初传》，岳麓书社2001年版，第341页。

进程的意义，在其道德品质方面，也许比单纯的才智成就方面还要大。即使是后者，它们取决于品格的程度，也远超过通常所认为的那样。

居里夫人的品德力量和热忱，哪怕只要有一小部分存在于欧洲的知识分子中间，欧洲就会面临一个比较光明的未来。[1]

**5. 纪念还在进行……**

对哥白尼的纪念并没有因1943年而终止。在哥白尼逝世后，众多世界各国第一流的智者，经常会思考在他身上反映出来的价值……

爱因斯坦并不喜欢参加各种各样的非专业的纪念活动。然而，对于哥白尼纪念活动，他却参加了两次。第二次（1953年）他还专门作了发言。他似乎对哥白尼这位波兰科学家，抱有特别的好感。

从他对两位波兰科学家——玛丽·居里和哥白尼的纪念文章中，我们似乎能够感受出他想要传达的东西。同时，也不难理解，他对晏阳初这位“名不见经传”的东方人，为何还比较热情。

他说：“他（哥白尼）对于西方摆脱教权统治和学术统治枷锁的精神解放所作的贡献几乎比谁都要大……哥白尼通过他的工作和他的伟大的人格，教导人们要谦虚谨慎……没有一个民族可为他们中间出现了这样一个人而骄傲起来。因为民族骄傲完全是一种无聊的癖好，在像哥白尼这样一位内心独立的人的面前，是难以站得住脚的。”[2]

一个文明的传承，难道不正是它那值得传承的集体人格吗？荣格说那是集体无意识。但是，有所反思的民族，难道不更应该集体有意识吗？

[1]〔美〕爱因斯坦：《爱因斯坦文集》，商务印书馆1976年版，第339~340页。
[2]〔美〕爱因斯坦：《爱因斯坦文集》，商务印书馆1976年版，第601页。

# 十一　走向世界

20世纪70年代，晏阳初与各国乡村改造会领袖合影。

# 反法西斯要看行动

## 1. 外面风大

1929年2月，《时事月报》刊出一条让世人震惊的新闻：《惊心动魄之日本满蒙积极政策——田中义一上日皇之奏章》。《田中奏折》一经披露，立即引起了世界范围的震动，中国各地举行了声势浩大的示威游行，抗日浪潮席卷全国。“中日早晚有一战”，已经成为我国有识之士的共识，抗日救国逐渐成为当时中国社会的主题。《八一宣言》如是呼吁：“近年来，我国家我民族已处在千钧一发的生死关头。抗日则生，不抗日则死，抗日救国，已成为每个同胞的神圣天职！”

在这个背景下，全国各个乡村建设组织的联合——乡村建设工作讨论会，有一个十分重要的主题，即是抗日救亡。然而，一个难题摆在面前——乡村建设运动是一个没有“速效药”的事业，它不仅需要时间，而且需要安定的社会环境。这，在当时都是无法完全具备的。首先，“伪满洲国”的建立，时时威胁华北，定县实验的形势自然是越来越严峻；随后，日本策动“华北五省自治”，推行华北特殊化，各种势力在华北“纠结”盘旋，不知将会生发出什么怪胎。

日本的军国主义唯恐天下不乱，它所搅动的事态，究竟将会发展到什么程度，当时很难为一般民众所预知。但是，随着法西斯主义在日本军队的蔓延，从其间接扶植别国国内的反政府力量为主的政策，转变为赤裸裸的直接侵略。1936年11月25日，德国和日本签订了《反共产国际协定》，法西斯主义的未来走势已经没有太多的悬念，其侵略性质已经暴露无遗。这一摊烂事，致使中国今天上了年纪的老人们一想起“丙子丁丑年”[1]，眼泪就止不住地往下掉。

外患风声异常吃紧，乡村建设运动自然举步维艰。总部南迁，已经是各个乡村建设组织迫不得已的唯一选择。外患使得平教会不得不选择进一步的发展策略。1933年，日军侵入山海关内，继而策动“华北特殊化”，平教会总会同人感到，如果不加紧总结定县实验的经验，那么多年的努力就可能因外敌入侵而散失。

华北局势波密诡谲，晏阳初等遂于1936年春天决定：“定县实验工作，继续进行，供给华北农村建设协进会作乡村人员训练实习用。”平教会总会则按照预定计划向华中、华西扩展，以免人才、时间、精力因株守一隅而浪费[2]。然而，这一计划却至少提前了2年。因为，即使从1932年1月晏阳初制定的《六年计划大纲》来看，完全开始向华中、华西推广也应该是1938年之后的事情了。但是没有办法，中国全面抗日战争即将拉开，各方人士“扬鞭催马运粮忙”[3]。

### 2. 人才是关键

平教总会的南迁，有客观的形势原因，也有在此基础之上形成的社会心理原因。但从最根本上来说，是为中国抗日战争培养必要的人才；从全世界来看，南迁是为了唤起世界反法西斯战争的更广泛的民众基础。要知道，自从1931年之后，定县实验的公民教育内容发生了十分重要的转变，即，从借鉴西

[1] 1936年和1937年，分别是农历干支纪年的丙子年和丁丑年。
[2] 吴相湘：《晏阳初传》，岳麓书社2001年版，第282页。
[3] 《扬鞭催马运粮忙》是魏显忠于1969年创作的一首笛子独奏曲。

方的公民教育，转向了研究中国自身的国族精神。

在当时人看来，国族精神是铸成我国历史、风俗、学术以及一切文化的原动力。陈筑山（时任平教会公民教育部主任）是中国国族精神研究的创始人，其《国族精神论例浅释》（1933年）倡导那种“为国家成仁取义的不朽精神”。对国族精神代表人物的选择，尤其注重适应当时的时代精神，例如不仅选取死国不死君的晏婴，更弘扬了一个汽车司机——胡阿毛，因为他在1932年1月日本侵犯上海时，他驾车与日军投江同归于尽，长留天地正气。在“九一八”之后，平教总会立即编印国难教育丛刊，以讲演、故事、小说、诗歌、戏剧、图画等各种体裁，旨在从精神上训练抗日人才。这看起来是小事，但其实做了和没有做，效果完全不一样。参加过战争的人、特别是战时的政治领袖尤其明白，如果没有这种爱国主义精神、同仇敌忾的士气教育，战争的总动员是不可想象的。也许是吃了这种苦头，战争之后，活下来的将军们尤其热衷于投身教育领域。

自1936年9月平教总会南迁长沙以来，全国形势日渐危急。1937年7月7日，日军在卢沟桥制造事端，直取平津，日本全面发动了侵华战争。到8月13日又在上海挑起淞沪战争。战火从华北扩大到华东、华中，局部的挑衅发展为全面的侵华战争。这场不宣之战，给中华民族带来了空前严重的亡国危机。抗战御侮、救亡图存、加入世界反法西斯战争的序列，已成为中国各阶级各民族最紧急的共同任务。

社会各界、顾问谋士、军政一线、后方战场等等，都认为有迁都的必要。加上德国顾问主持构筑的“国防线”事实上已经被日军突破，国民政府决定设重庆为陪都，主要军政机构迁往西南。晏阳初是国民政府的一个民间学术顾问，他深感“四川为民族复兴之最后根据地，但最后之后不再有最后；四川弄不好，则中华民国便会亡”。[1]故决定应四川省政府之邀请，积极匡助，推动“设计建设文化的经济的四川”，以保障“整个的复兴民族的基础”。平教总会人员纷纷来川工作，先后进行了大面积的县市调查，实际工作则从农村改造入手。这种夯实国基的工作，从当时的迫切需求来说，培养了抗日的人才，引导了抗日的社会氛围。

乡村建设运动的深入发展，需配备更多干部，人才的培养成为越来越重要的问题。本来，1936年曾在定县创办农村建设育才院，但因日本侵略，定县失陷而停办。这一工作，从根本上说，是建设农村的大事；从当时的特殊环境和时局来看，则是培养反法西斯的领袖人才。平教总会在祖国的西南大地上做了大量的固本、养气的工作。这其中最为突出的，就是创办乡村建设学院，开展华西试验区。

## 民族大义，世界眼光

### 1. 乡村建设学院来头不小

在逐渐向华中和华西推进的过程中，平教总会在四川取得了众多引人注目的成绩。其中，它的两颗耀眼的明珠，就是中国乡村建设学院和华西试验区。它们都与晏阳初乡村建设思想一脉相承。

在四川进行乡村改造实践多年，晏阳初及其同人深感西南的地理、社会、人文等因素与华北存在巨大的差异。工作越深入，越感到人才缺乏。抗日烽烟火起，乡村改造急切需要大量的中级人才。中级人才的来源，显然需要培训

[1] 宋恩荣主编：《晏阳初全集》（第1卷），湖南教育出版社1989年版，第482页。

1946前后，晏阳初夫妇与中国乡村建设学院部分师生合影。

高级人才，然后把他们加入到培训中级人才的工作中来。先要培养更多的先生，才能满足提高中国社会整体教育水平的需要。于是，晏阳初与许多热心人士共同策划，拟筹备一所正规的、全国性的培养乡村改造人才的高等学府。各方的事情都谈妥了，于是他们组成了一个筹备委员会，并成立了董事会。

董事会自然要以办事方便、高效为原则。这个董事长一职，自然落在了资历、学力、能力和声望都臻于极致的干才——张群身上。此公时任国民政府行政院副院长、国民精神总动员会秘书长、国防最高委员会重庆行营主任，等等。在各种名头背后，隐藏着张群的特殊才能——纵横捭阖、罗致人才。他不仅能够在民国错综复杂的局势中“吃得开”，而且还吃得很开。国民党之有张群，恰如我党之有恩来。所以，他能够罗致各种甚至有可能发生冲突的怪才，为一个共同的目的而努力，那就不显得奇怪了。

在张群的罗致下，怪才聚集一堂，为晏阳初的乡村改造和平民教育出资出力。张群提议晏阳初为秘书，组织和处理日常事务。该董事会的知名怪才有卢作孚、甘乃光、张治中、黄炎培、周作民、张伯苓、翁文灏、陈光甫、康心如、范旭东、梁漱溟、梁仲华、高阳等等。诸多民国怪才，举不胜举，居然愿意支持一介平民书生办平民教育，这不能不说张群的能力强，晏阳初的事业对。

经过努力，克服了重重困难，私立中国乡村建设育才院于1940年10月28日开学。校址选在重庆西北的歇马场。学校占地500余亩，另有60公里外的合川县乡绅捐地100亩。1945年8月，经当时的教育部正式批准，更名为中国私立乡村建设学院。私人办高校，而且是在特殊的环境下办高校。不为利、不为名，只为反法西斯事业干实事、培养人才，恐怕不多见。

**2. 培养人才，积极抗战**

乡村建设学院“以整个的国家建设计划、抗战建国之任务”作为培养人才的目标。具体干什么活？大致说来有六项：（1）劳动者的体力；（2）专门家的智能；（3）教育者的态度；（4）科学家的头脑；（5）创造者的气魄；（6）宗教家的精神。[1]

院系设置和学生管理有特别之处。系科的设置，延续定县实验研究之所得，以培养针对消除“愚、穷、弱、私”四大病症的专门人才为依据，分别设乡村教育系、农学系、农田水利系和社会学系；借鉴耶鲁大学改革经验，设研究生委员会，教学和科研并行不悖，聘请战时西迁来渝的40多位大学教授、专家来校任教，如瞿菊农、梁仲华、孙伏园、李建勋、林辰、白季眉、马特等。学生管理，一律由学生自主，实行自习、自治、自给、自强，学校民主气氛浓厚，拒绝国民党、三青团的渗透，不支持、也不反对学生加入各种团体，保持研究和工作中的价值中立。从晏阳初本人开始，以身作则，把宗教的情愫与科学的精神保持应有的距离。

---

[1] 宋恩荣主编：《晏阳初全集》（第2卷），湖南教育出版社1992年版，第135页。

当时的主要任务和目的是抗战，所以，一旦讨论形成一个整体的计划，其余具体工作就是照章办理。关键在于，行动要迅速、行动要有力；干活要出真气力，做事要踏实认真。各位董事或者晓以大义，或者建立合作关系，或者以才能换经济，一句话，把科学转变为生产力，积极组织资源应对外患。其实，一分为二地看，也并不是每个乡绅都为富不仁，合川的乡绅就捐赠了100多亩土地给平教总会。

奇怪么？不奇怪。

不干实事，不为老百姓干实事，任谁也不愿意把人、财、物交给他打理。乡绅们知道，平教总会在长沙的“农民抗战教育团”、衡阳等地的地方行政干部学校，是为中华民族的抗日战争做出了巨大贡献的。三湘之地，抗战烽烟起己卯；天炉战法，坚壁清野靠教育。三次长沙会战，是整个抗日战争期间歼敌最多的战役，对世界反法西斯战争有重要意义。别的不说，第三次长沙会战胜利后不久，美、英政府便主动向中国提出，要废除西方列强与中国历届政府签订的一系列不平等条约，归还上海、厦门等地的公共租界，取消领事裁判权。

当然，战时，英雄无论如何应归于有“抗日战神”美誉的薛岳，战争打得异常有想象力；平时，没有英雄，只有一群默默为战争的胜利奠定基础的书生，谢扶雅教授认为“长沙的三次大捷是平教总会在湖南训练民众的影响与效果”。[1]吴相湘当时正在长沙前线工作，认为谢扶雅没有乱说，“确有事实依据”，《第二次中日战争史》详细记录了此中细节。

有这样的背景和前期成果，私立乡村建设学院在战时的西南地区影响至为深远。一般民众、地方乡绅、商界奇才和政府要员，对乡村建设育才院（后更名为“私立乡村建设学院”）给予了不同程度的支持。各界的支持，甚

[1] 谢扶雅：《生之回味——谢扶雅耆年文集》，香港道声出版社1979年版，第95页。

至惊动了蒋介石。1939年10月，兼任四川省政府主席的蒋介石，指定璧山县为私立中国乡村建设育才院的实习基地。实习基地中心选在璧山来凤驿。

由于平教总会的办学计划和措施，行为和效果符合当时的需要，与平时相比，战时的平教总会影响更大、更受国人重视。

### 3. 办学辛苦，私立学校更辛苦

战时的陪都重庆，财力物力都十分困难，又有日军飞机空袭，在无比艰难的条件下，晏阳初为申请立案、筹集办学经费、选购院址、联络师资人才等，多方奔走，花费不少心血。

晏阳初的辛苦，是事隔45年之后才为人所知的。因为当年的晏院长，总是挂着一幅微笑的面容，无论环境多么艰难，他总是满怀信心。直到1985年他回国考察时，他的学生才第一次听到院长叫苦："回想当时1940年办乡建学院时真是苦极了。日本帝国主义想灭亡中国，控制亚洲。国家要灭亡时，我们就是要坚持抗战，我们是在枪林弹雨中办起了乡建学院的。"[1]

"沿门托钵"，是当时晏阳初筹集经费的真实写照；"栉风沐雨"，是对当时平教会同人奋斗历程的鲜活描绘。为什么私立乡村建设学院是那一代人的骄傲？因为那是苦难中蓬勃的生机，不畏艰辛的精神。可以说，育才院第一届学生是在平教会情绪最艰难的时候入校的……

1940年4月20日，平教总会同人姚石庵等21人触礁遇难。平教总会遭遇了成立以来空前巨大的人才损失。农业经济科因为生计教育部主任姚石庵的逝去，而不得不暂停，更为困难的是，各位同事因为同人及其家属的遇难，伤心过度，情绪异常低落。不知乡建院每逢周一集会时，总会高唱《中华平民教育运动歌》，是否有纪念姚石庵意味……

---

[1] 宋恩荣主编：《晏阳初全集》（第2卷），湖南教育出版社1992年版，第481页。

或许有更为开阔的意义。怀着悲痛，亦不乏雄壮，育才院于1940年10月28日正式开学。感慨万千的晏阳初说："育才院之创立，乃平教会同仁二十年来之宿愿，而在抗战第四个年头正式成立，尤具有深刻远大之意义。"[1]

抑制住口头悲愤的晏阳初，抑制不住内心的悲愤和笔尖上的悲壮，亲撰《乡村建设生力军歌》，作为育才院（后更名为私立乡村建设学院）院歌。对于经历过八年抗战的中国上代人而言，这歌曲丝毫不亚于文姬悲愤诗。

词云：

向前进！向前进！大家向前进！我们是乡建的生力军。不怕道路的崎岖，不怕工作的艰辛。开发民力，建设乡村，除尽文盲，作新民。培养创造大气魄，发扬宗教真精神。

向前进！向前进！大家向前进！我们是乡建生力军。威胁加身我不屈，富贵于我如浮云。斗争到底，杀身成仁，再接再厉，有志竟成。建设民主新中国，促成世界大同盟。[2]

### 4. 峥嵘岁月，同甘共苦

真诚能够感动人，也能感动大学者、大教授。中国乡村建设育才院（后更名为私立乡村建设学院）规模小，又距离大城市较远，物质条件差，生活艰苦，待遇也比较低，聘请教授是很不容易的。但由于晏阳初和同人从事平民教育与乡村建设的理想和实绩，以及在抗日战争中的贡献，不仅感动了一些有志和热心于乡村改造的专家学者，而且许多原来与平教总会并无联系的专家、教授，也都乐意应聘来到歇马场任教。

---

[1] 宋恩荣主编：《晏阳初全集》（第2卷），湖南教育出版社1992年版，第130页。

[2] 詹一之、李国音：《一项为和平与发展奠基工程——平民教育之父晏阳初评介》，四川教育出版社1994年版，第252~253页。

随着学院的发展，师资力量也得到充实。据统计：1940年刚开办时，仅有教职员36名，到1950年有教职员120人，其中，讲座4人，教授32人，副教授12人，讲师12人，助教19人，职员41人。先后在学校任教的除了一些老平教会员，如瞿菊农、梁仲华、汪德亮、孙伏园、常得仁、魏永清、任宝祥等之外，还吸引了许多知名学者教授加入了乡村建设学院的阵营，如昆虫学家施白南，植物学家孙绍武，渔业专家李象元，水利学、测量学家白季眉、郭跃观教授，逻辑学家马特，农学家孙渠、李焕章，教育学家李建勋、徐国肇、刘秉钧、邹鸿操、叶德光，社会学教授梁桢、王启澍，合作社专家席朝杰，文学理论家林辰（原名王诗农）、王慰民，更多的是一些有真才实学的中青年教师，如徐坚、卢本初等；还有知名人士如黄齐生（王若飞烈士的舅父）、胡絜青（老舍夫人），体育界的张汇兰博士、美籍教授道格拉斯夫妇和司福德夫妇，等等。

经常让我觉得有些不可思议的是，作为院长的晏阳初，可以3年多不在学校管理工作，但是学校教育、教学有序进行，教育理念方针始终得以贯彻，教育质量没有滑坡……末了，3年之后，以及30年之后，以至于60年之后，一提到乡村建设学院，大家都没有忘记晏阳初院长。

## 华西实验区[1]

### 1. 归来

1946年4月17日，晏阳初自美国旧金山启行回国，回到离别已经3年的乡村

[1] 征得詹一之、李国音二老同意，本节主要内容引自他们合著的《一项为和平与发展奠基工程——平民教育之父晏阳初评介》一书，略有删改。对于华西实验区，我们提出了一些问题，并拟进一步研究其现实意义。

建设学院。晏阳初看到新校舍增加，校园树木长成，环境整齐清洁；战时被政府和军队借调的平教总会主要人员，大都已返回，正与代理院长瞿菊农共同努力扩建学院；学生的人数，由于教育部批准乡村建设学院毕业生授学士学位，已增收至300人，而且已有三年级学生正在璧山县来凤驿等地实习。整个校园充满蓬勃向上的朝气，使晏阳初大感快慰。

当时，国民政府已迁回南京，但四川省在对日抗战中贡献了极其巨大的人力物力，为世界反法西斯战争做出了巨大的牺牲。在战后重建中，政府对此亦有所侧重——四川省被指定为全国建设的实验区，其中，在发展铁路、航运、电话及水电以外，并限期三年扫除文盲、分期分区建立比较完善的医院，普遍推行卫生保健工作，等等。毫无疑问，这是平教总会多年来倡导的目标。

20世纪40年代，晏阳初为中国乡村建设学院毕业生颁发毕业证书。

晏阳初回国初，在南京与宋子文会晤时，即谈及此项实验工作，并有自重庆地区开始的拟议。当时的四川省政府主席张群，随即正式指定第三行政区10个县（包括重庆地区、巴县与璧山县）作建设实验区，一切工作请平教总会协助指导进行。

晏阳初与平教总会同人会商后，决定了当前工作的要项：加强乡村建设学院学生的领导人才训练以外，全力创办这一战后大规模的集中实验。又经详细研讨，决定将这10县人口500万的地区定名为平教总会华西实验区。他们以璧山县作为辐射中心，借鉴定县实验的经验，取得了一些重要的成绩。

**2. 成绩**

作为华西实验区的辐射中心，在1946年下半年至1948年10月，璧山县曾按照四大教育开展了许多具体工作，其中，最为突出的主要有如下两项：

第一，导生制取得新进展。导生制从在定县实验成功，又经过衡山、新都两县的推行，规模逐步扩大，证明确实是有效的“识字接力站”。它不仅能加速识字工作，而且能激励导生自己努力学习，并产生对社会的自觉意识以及为公共服务的精神。由于导生制的经验积累，这次在璧山县实验中又有一新进展，即，导生不限年龄，曾读过古书的老年人也在欢迎之列。

例如，该县河边乡居民13595人，其中6000人是文盲，他们多在15岁至45岁。乡村建设学院三年级学生被派前往协助选聘及训练导生，并组设识字接力站（即传习处），210名男女村民志愿担任导生，其年龄自12岁至72岁不等。他们用平教总会经过多次修订的《国民传习课本》和《国民应用文》，配上两色“传习画片”和“活动教材”，两个月内，教会了2563人熟练地认读1000个字，并学会珠算、唱歌。当然，教材是免费发给的。

1947年4月，晏阳初前往参加璧山县河边乡士绅与导生的茶会。他目睹了一家6口人全部都来当平教总会的志愿导生：72岁的老父亲，带着一个女儿、两个儿子及儿媳。在茶会上，还有另外10个大于60岁的志愿导生。追踪场景，是定县所没有的。晏阳初感慨地对《中华平民教育运动歌》的词作者陈筑山说："筑山兄，如今，老少男女都动员起来了，加速扫除文盲。我们真的实现了男男女女、老老少少一齐见光明了！"

第二，组织织布合作社。平教总会早在定县就有组织合作经营农村工艺的实验。1946年2月，璧山县5个乡的经济调查结果发现，抗战时供应军需的织布业大多停顿，乡村经济失去了一宗重要的收入，农民生活亟须救济。平教总会遂决定在两个乡展开实验，组织织布合作社，如果有成效，就向全县推广。

合作社的原则主要有四项：（1）采用副业经营的方式，社员分别在家里织布。但合作社供给原料、推销成品，由单位联合经营，以加强合作组织的力量。（2）以家庭为单位，凡是自家有现代织布机（铁质的）而且掌握织布技术的，可以成为基本社员，但是，每个社员机台至多以两台为限。（3）产品由合作社统一规定种类和标准，社员需要保证产品的质量。（4）合作社推行与平民教育相互配合，发展合作社的地区，必须是推行平民教育已有成绩的地区。

这种组织形式的效果是很明显的。平教总会的这一措施一经宣布，璧山城南乡即于1947年1月成立两社，2月得到平教总会拨款购买的棉纱，3月织出787件标准化原白布。产品回款很快，获利也可观。社员大会自己决定，自纯利润中提20%作教育费用，10%作卫生费用，其余的作为滚动资本金。

榜样的力量是巨大的。很快，各乡镇都纷纷要求组织合作社。于是平教总会一方面建议设立一个学校，以便失学儿童入学，另一方面建议组织导生传习处，鼓励成年文盲入学。许多乡镇农民于是忙着建筑新校舍，以期取得合作社的辅导和贷款。我们切不可以为平教总会在合作社中赚了钱，因为平教总会只是一个业务指导机构和规则制定机构，财务室由合作社自己管理，完全透明。相反，晏阳初还代为谈判贷款事宜，特地飞到南京四大国营银行总部面谈贷款事宜。贷款下来了，他却未从各个合作社和后来成立的联合社那里支取一分路费和劳务费。

**3. 未来的可能**

有人不禁要问，不是有定县实验了么，而且不是还得出了可以推广的基本结论了么，那为什么还要进行华西实验呢？简单地说，就是平教总会从1936年来到西南地区之后，发现除了基本的框架，定县实验的许多具体的结论、中层理论不一定符合西南地区的实际情况。

定县是华北平原的一个代表，它的结论可能适合平原地区的社会状况。但是，我国的西部和西南地区，最大的特点是山地和丘陵。两种地区的农村，可能因为地理的不同，而在乡村改造方案上存在差异。然而，这种差异是理论上的，是一种假设，需要进行类似于定县实验的验证过程。

可惜，华西实验区因时间和外力原因，没有完全取得山地和丘陵地区发展的具体经验。华西实验区的主要地形特征是丘陵，而且是向山地过渡的丘陵。如果历史允许做假设，那么，要是晏阳初没有因为各种原因出国，在华西实验区之后，他的下一个目标将是横亘中国的秦巴山区。

一个可惜之后，或许有额外的补偿。也可以说，客观原因，把他推向了更为广阔的世界。

## 思想碰撞有新知

牛顿晓得站在巨人的肩膀上。那主要是一种今人与古人的思想对话，是在思想的碰撞中，找到升级提高的突破口。孔子说，“尊德性而道问学，致广大而尽精微”。除了古今对照，改恶从善，更要有广博的胸怀，与今人砥砺德行，共同进步。在讨论中发展，在发展中再总结提高。

晏阳初初创平教总会时，即着眼于服务全人类，以中国为起点。随着中国平民教育的全面推展，经验积累日多，其运动目标与口号也有发展变化。晏阳初在美国交流沟通，砥砺思想，初创时的“除文盲，作新民”，渐渐演变为“除天下文盲，作世界新民”。当荣获“现代世界最具革命性贡献的十大伟人”称号后，其责任感、使命感有了新的提升。

1943年，在与美国各方人士晤谈之后，他发现，美国领导人开始更加关注世界事务，许多人都在设想战后世界的景象。他通过各种途径，提醒美国人，世界上的苦痛和悲剧，大半是由于大部分人甚至全体人民都较为愚昧无知。当时，全球三分之二以上的人口，都陷于食物、房屋、教育缺乏的境地。如果这种情况不加以改变，即使政治家呼吁和平的声音再大，把高音喇叭都喊破了，仍旧是没有和平可言的。针对美国总统罗斯福关于“人类的四大基本自由”的表述和逻辑[1]，他认为，在“表达意见的自由、崇拜的自由、不虞匮乏的自由和免除恐惧的自由”之外，还应该有第五项自由——“免于愚昧无知的自由”（freedom from ignorance）。他认为：“没有任何一国能超越其民众而强盛起来的，只有这许多大众——世界上最丰富的、尚未开发的资源，经过教育而发展，并参加自己的建设工作，否则世界将没有和平可言。”[2]

一经发表，影响空前。晏阳初将达到“免于愚昧无知的自由”的一条简便途径——平民教育思想及其基本做法，整理成《免于愚昧无知的自由——平

[1] 1941年1月6日，罗斯福在致国会的咨文中，要求国会根据《租借法案》，把必要的武器装备提供给那些总统认为其防御对美国利益至关重要的国家，并宣布了四项“人类的基本自由”，这被认为是关于美国人民基本信仰的最简要的声明。

[2] 吴相湘：《晏阳初传》，岳麓书社2001年版，第431页。

民教育实用手册》，即刻付印。美国作家J. P. 麦克沃伊将该书的纲领改写成富于激情的文章，于1943年11月发表于《读者文摘》。末尾，他说："平民教育将造就每一个人成为完全的人，那时他就是任何其他人的兄弟……我谦恭地相信：世界需要这一为世界民主、世界和平的教育。这样，我们不只能拥有四大自由，还有第五自由：较其他思想都显得伟大。没有它，我们如何能有四大自由？这就是免于愚昧无知的自由。"[1]当时，《读者文摘》每期发行1000多万份。美国人和其他西方人，对此颇为感冒。即使到了今天，他们的民间和官方，亦在世界多个教育水平落后地区，展开类似的教育志愿活动。

## 传奇人物善写传奇人物

### 1. 赛珍珠与中国农村

美国的新闻业异常发达。一有大事发生，随即可以以当时中国人无法想象的速度传播。投身文化事业的人，应该保持那种新闻的敏感性。赛珍珠女士就是这样一位保持着新闻敏感性的、对中国十分了解的美国文化人，她当时任东西方协会（The East and West Association）主席。在纽约哥白尼纪念大会表彰会后，她意识到晏阳初将会有更多的动作和更广泛的影响，便立即邀请晏阳初给中国留学生和纽约市民作关于中国平民教育运动的演讲，演讲使美国人民更多地了解中国的现状，消除一般美国人和美国舆论界对中国的一些片面看法。

[1] J. P. McEvoy: "Jimmy Yen: China's Teacher Extraordinary", *Reader's Digest*, Nov. 1943, Vol. 43, No. 259.

赛珍珠，何方神圣？中国文化人，说起赛老太婆，从民间到官方，没有一个不跷起大拇指。反而是借她之力，在西方世界打出名声的林语堂，与她有点小过节。

闲话休提，直奔主题。赛珍珠（Pearl S. Buck，1892—1973），中文直译为珀尔·巴克，她是一位美国在华传教士的女儿，并且长期生活在中国。她创作了一本“具有丰富的、真实的、不寻常描述的”、以中国农民生活为题材的小说——《大地》（*The Good Earth*），于1938年12月获诺贝尔文学奖。在这之前，借这本小说之力，她还于1932年获得普利策小说奖，成为获得普利策小说奖的首位女作家。

此人善开风气之先。例如，她第一个把中国古典小说《水浒传》翻译成英文，并借用《论语》中的“四海之内，皆兄弟也”（All Men Are Brothers）一语，作为书名。自《水浒传》英文版1933年出版以来，西方人像对绿林英雄“罗宾汉”一样，喜爱中国的“梁山好汉”。不过，西方人也因此对中国产生了很多误解。因为，从中国一下子来了那么多的“罗宾汉”，天知道中国社会有多么黑暗？殊不知，南北两宋，是中国最富庶、最安定的几个朝代之一。

和晏阳初一样，赛珍珠对中国农村也是怀着感情的，并在中国农村开展了很多实际的工作。抗日战争时期，赛珍珠夫妇在美国发起组织了东西方协会，致力于东西方文化的交流和救助活动。她因个人的经历，对中国怀有美好友善的感情，是中国人民真诚的朋友，也赢得了中国人的信任。抗战时期，周恩来曾指示有关人员：“你们要争取和赛珍珠交朋友，她在美国声望很高，她可以帮助我们争取到美国政府和人民对中国人民抗日战争的同情和支持。”[1]

[1] 刘宗伟：《赛珍珠的中国恋情》，1993年7月19日《世界信息报》。

## 2.《告语人民》有深意

大约在1943年的时候，中美关系陷入了困境。“7月5日，晏阳初与几位美国友人在赛珍珠的寓所，讨论当时中美关系陷入困境的原因。”[1]实际上，二战打到1942年，各国都想拉拢美国这支生力军，英国尤其如此。虽然26国国际反法西斯同盟于1942年正式建立，但英国为着保持其“老大帝国”的优势，不想看到战后强大的苏联和其余各国的发展，所以，在同盟内区分彼此。英国的策略是“绑架”美国的舆论，宣传两国在文化和语言上的相同，两国的未来和命运的关联。宣传十分奏效，美国政界和民间，表现出了极强的亲英趋势。

但是，部分美国知识分子和中国留居美国的名流看穿了英国的此等小算盘，认为这对美国来说，“实在是一极危险的趋势”。在美国宾夕法尼亚州赛珍珠的家中，晏阳初经常与一些美国友人讨论当时中美关系陷入困境的原因，认为“必须迅速采取步骤，对美国人引进新观念新事实”。[2]让美国人了解世界应该走向更大多数人的民主。但美国人并不了解中国，此前对中国人的善意，多源于情感的、无知的和怜悯的作用。因此，晏阳初等人认为有必要借1943年2月宋美龄访美所造成的空前声势，向美国人展示一项有详细计划、且已经在中国实施多年的教育工作。

基于此，晏阳初此次在美辗转两年有余，让美洲很多国家了解了中国社会的具体情况，认识到中国在世界反法西斯战争中的重要作用。当然，与他另外所做的大事相比，《告语人民》的出版不过是一件小事。然而，正是这本以相互对话的方式撰写的《告语人民》（*Tell the People*），改变了许多世界大事，让晏阳初的事业走向了世界……

---

[1] 吴相湘：《晏阳初传》，岳麓书社2001年版，第344页。
[2] 吴相湘：《晏阳初传》，岳麓书社2001年版，第344页。

1945年，赛珍珠所著《告语人民》在美国出版。

《告语人民》以活泼亲切的笔调，形象而生动地叙述了晏阳初25年来献身于中国平民教育与乡村建设工作的经历。其“序言”写道：“现在世界上有四分之三的人受着腐败政府的压迫，愚昧无知、食不果腹，时刻受到疾病的威胁。因此，首先应为他们着想：怎样让他们吃得饱、有知识、能自治？在这些计划未付诸实施之前，空谈和平是没有意义的。”“这本书就是一个建设性计划的记录，这个计划已作为试验实施了25年。为解决当今世界面临的问

1944年，晏阳初在美国。

题，该计划曾经历过严格的检验。这是一个中国人在中国创造并实施的计划……全盘计划不仅准备在中国实施，而且要推广到世界各地。这种计划对于美国南部、中南美洲的某些地方如古巴、波多黎各，甚至非洲、印度、东南亚以及凡是受着饥饿、愚昧与暴政压迫的人民，都是非常有价值的。”[1]

《告语人民》于1945年3月首次刊行英文版，正当联合国组织会议在美国旧金山召开前夕，各国政府和民间要人已经陆续来到美国，商讨战后建设的事情。该书的问世，为世界各国提示了一个关于建设世界和平的新原则和新观念。

[1] 宋恩荣主编：《晏阳初全集》（第2卷），湖南教育出版社1992年版，第570~571页。

### 3. 投向世界的眼光

如果要用一句话来概括晏阳初的事业，无疑可以说是“扫除文盲”。诸君莫要认为这是一件简单的事情。迄今为止，全世界各国政府把“扫除文盲”作为一项大事来抓，才不过短短65年的时间。

“扫除文盲”是多么大的一件事情呢？联合国教科文组织成立的时候，第一次大会就把“扫除文盲”作为第一项工作，并把晏阳初定县实验成果“扫盲”作为联教组织工作计划的第一项安排。

联合国教科文组织成立大会原始记录中文版摘选：

联教组织第一次大会于1946年11月19日举行于巴黎。亦即成立大会。我国派教育部部长朱家骅为首席代表（因公未能出席）、赵元任（代理首席代表）、李书华、陈源、程天放、竺可桢为代表及其他成员多参加。此次大会主要在计划实际工作，分别为下列五项：一、扫除文盲；二、促进各民族相互了解；三、利用一切工具减少各民族间自由交换值障碍；四、建立全球广播网，用各种语言讲述世界各民族之历史及成就；五、成立亚马逊国际研究所。我国代表团建议：一、联教组织应在各地设立分办事处；二、拟定尊师约章；三、翻译东西古籍；四、在华设立营养中心。诸点，均获通过。[1]

从当时的立意来看，扫除文盲，无疑是有利于世界和平事业的头等大事。今天看来，文盲亦是各国政府头疼的一件事情。值得注意的是，扫盲运动在今日之中国，并未因为普及九年制义务教育的开展而失去意义。

---

[1] 原件存重庆图书馆（原国立罗斯福图书馆联合国资料寄存中心）。

# 舒展平天下之胸怀

**1. 摊子扯大了**

有实际内容的工作，遇上妙笔一支，即显示出巨大的威力。晏阳初在美国各方奔走，把定县的实际工作，借演讲、广播、书籍、杂志和报纸等传媒手段传达了出去，获得了巨大的影响，事业正在走向新的高度。

在与晏阳初的多次接触，特别是看到他在各种艰难的环境下，坚持不懈，做了大量的实际工作之后，赛珍珠、小约翰·洛克菲勒、罗斯福夫人、道格拉斯大法官、塔夫脱、众议员周以德等一些著名的美国人士已成为中国平教运动与乡建运动的“铁杆粉丝”。他们坚信中国的经验，对于面临类似基本问题的其他后发展的国家，有着同样巨大的价值。于是，他们与晏阳初一起，于1951年1月17日，策划成立了国际平民教育运动委员会（The International Committee of the Mass Education Movement, 简称ICMEM），道格拉斯任理事会主席。

这个委员会是干什么的呢？联合国成立以来，饱受二战之苦的各国，认为“以技术援助落后地区，使之发展”是一件促进和平因素的重要工作。现在看来，亦复如是。以晏阳初定县实验和华西试验区，尤其是北碚地区的乡村建设计划为蓝本，联合国认为这是“协助落后地区发展”的模范。那些一流的智商和一流的富豪，一拍即合，决定落实这一宏大的计划。有多宏大呢？晏阳初的心中的火种是“平天下”，你说宏大不宏大？

1951年，晏阳初和赛珍珠（戴帽者）、塔夫脱（左五）、德维特·华莱士（右三）等在国际平民教育运动促进委员会会议上。

1952年，国际平民教育运动美中委员会理事会议（左二为晏阳初）。

## 2. 互相帮助

不囿于一国，不囿于一个种族，不囿于政治态度，只管认真干活。按照老美习惯了的信仰和行为，对此几乎是不可能相信的。凡是不符合罗斯福“四大基本自由”的，往往被视为异端。但老美还是看重实际行动的。晏阳初从1946之后，考察和协助各国，如古巴、海地、东非等国开展平民教育和乡村改造实践，并没有带丝毫的政治色彩。

这个时候，纳尔逊·洛克菲勒[1]开始关注教育、环境事业，加上他本来就是个文化人，所以，他与联邦政府大法官道格拉斯十分赞成和支持晏阳初的国际平民教育运动。他们建议，尽快组建一个委员会，以便联络美国“第四点计划”和联合国对落后地区技术援助的各种机构。根据考察，印度的尼赫鲁对此很有兴趣，同时，菲律宾正在筹设一个乡村建设的“先导者”工作场。晏

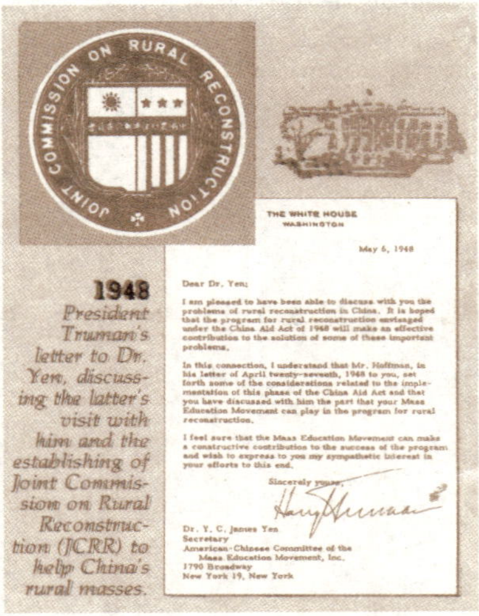


美国总统杜鲁门致晏阳初的信。

---

[1] 小约翰·洛克菲勒此时已年老，吩咐他的儿子纳尔逊·洛克菲勒关注与教育和环境相关的事业。纳尔逊·洛克菲勒，1974年至1977年任美国副总统，当时的总统为杰拉尔德·福特。

阳初立即拟订了一个计划。这个计划由洛克菲勒递交给杜鲁门，他因此获得了个“第四点计划”委员会主席的职务，铺平了他的政治道路。不过，因为韩战，致使洛克菲勒的全盘计划收效甚微，白忙活了一场。一枝独秀者，仅仅是晏阳初的国际乡村改造和平民教育事业。此是后话。

### 3. 还得继续干活

晏阳初明白，吃老本是不行的。定县实验不过是代表过去的成绩。坐吃山空，一定会倒霉。完全寄望于政府及其下属机构，在为平民的事业上，是难以有所作为的。一年多以来的经历，让晏阳初感到有些着急。必须寻找新的出路……

还是得调查先行，制定因时、因地制宜的向世界推广的方案为要务。于

1952年3月晏阳初夫妇赴印尼考察妇女识字教育。

晏阳初在菲律宾总统府与政要合影。

1951年，晏阳初拜访泰国总理。

是，他于1952年2月4日，不顾自己已经60多岁的年龄，代表国际平民教育运动促进委员会分赴菲律宾、印尼、泰国、印度、巴基斯坦、黎巴嫩、叙利亚等国考察。比如，深入菲律宾的新埃西哈省和黎刹省（今内湖省）的农村不毛之地，了解那里的社会情况及农民的经济情况，以及有关农村改良计划。比如，在印度，当地人民将《告语人民》一书奉为“圣经”，参照中国平民教育的经验进行改造。晏阳初所到之处，受到了热烈欢迎，他发现这些国家与中国有着共同的问题，亟须乡村改造。但是，他印象最深的还是菲律宾，那里多年来已采用定县实验的基本原则与方法，并取得了很大的成绩。

晏阳初1952年访问菲律宾期间，与时任国防部长的麦格赛赛晤谈，知道其人推行了很多有益于农村的工作，希望他做出更大的成就。一番晤对，十分投机。麦格赛赛于1953年当选菲律宾总统，自是皆大欢喜。乡村改造，在菲律宾落下脚跟，亦属自然。

1965年，国际乡村改造学院校舍落成。

### 4. 趁热打铁

晏阳初离开中国大陆后不久，即离台赴美。在美国他协助南美、非洲和东南亚的发展中国家推进平民教育运动。既然前有麦格赛赛总统的支持，后有马科斯总统及夫人的参与，加上菲律宾乡村会本身有一定的基础，在晏阳初的帮助下，1956年，菲律宾建立了国际乡村改造学院。国际乡村改造学院运行至今，专门向第三世界国家推广晏阳初的平民教育思想，协助第三世界国家培训平民教育的领袖和教师，并将中国定县实验和菲律宾乡村建设改造经验，推广至亚洲、非洲、拉丁美洲的其他国家。

工作的艰辛自然是少不了的。1960年左右，学院设定了500万美元作为募捐目标，只有主要在美国落实。同时，学院刚成立，实地田野研究、表证、实验，如果缺乏更多、更新的成绩表现，在美国募捐就没有着落。美国和菲律宾两地的重要事项都需要晏阳初亲自处理。为求更好地宣传乡村改造原理、吸引生力军的加入，晏阳初不停地在美国各个援外机构、学术教育团体和大学讲演，有时候一天忙得连吃饭都顾不上，疲倦到了极点。这个70多岁的老头子，便高唱《中华平民教育运动歌》“愈努力、愈起劲，勇往向前程”以解困乏。

憧憬着未来将耸立在椰树林中、绿草如茵的校园，老头子的精神又为之大振。如是工作凡7年，校舍终于修成了。

## 因陋就简，适者生存

### 1. 盛会

1967年5月2日，国际乡村改造学院（International Institute of Rural

Reconstruction，简称IIRR）第一期校舍落成奉献暨开学典礼举行。菲律宾总统马科斯与夫人，邀请全菲各界领袖，中、美、英、印度、锡兰、泰国等国代表，联合国及美国公私援外机构代表约1500人参加这次盛会。

马科斯和晏阳初的夫人，都或者默默地、或者大声地支持丈夫的事业几十载。盛会当天，主持人提议由有“铁蝴蝶”之称的伊梅尔达，与晏阳初的夫人许雅丽共同揭开纪念铜牌的绸幕。铜牌上的部分文字是：“这里是为国际推广，培训领导人才，有效研究世界乡村改造的中心。奉献给正在发展中国家的农村同胞，以及天父圣名下如兄如弟人们的经济社会和精神的幸福。”[1]

坐落在菲律宾马尼拉国际乡村改造学院校园内的许雅丽纪念亭。

[1] 吴相湘：《晏阳初传》，岳麓书社2001年版，第553页。

马科斯总统将菲律宾最高平民奖章——金心勋章授赠晏阳初，以表彰他“在菲律宾表现出的辉煌的献身工作”。

## 2. 信心的力量

盛会空前，然而工作还得继续干。虽然马科斯总统也答应担任菲律宾乡村会的名誉会长，但是，这丝毫无法减少工作的困难。国际乡村改造学院有五项主要的工作：

(1) 对正待开发的国家的合格男女青年，实施有关平民教育乡村改造的基本原理与实用的训练，充实其技艺与精神的力量，以便在其本国促进乡村运动。

(2) 集合一有创造力且愿献身的教师（科学家与学人）的核心组织。

(3) 经邀请下，协助正待开发国家的国民，组织其本地的民间乡村改造促进会，推进乡村改造计划。

(4) 担任实地的研究与实验，以发展并继续改善乡村改造的原理与实际；同时产生与提供基本资料。

(5) 作为乡村改造的源泉。[1]

这五项工作都是需要投入巨资、但却又是见效甚为缓慢的事情。“百年树人”，那是快不了的。然而，当时菲律宾的社会经济情况并不乐观。政府要人及其家人的贪腐挥霍，是闻名于世的。有一个英文新词imeldific就是从“铁蝴蝶”伊梅尔达那里演化出来的，意指挥霍。在异国他乡的这样一个社会，开展平民教育，晏阳初的难处可想而知。所以，菲律宾乡村会时常面临缺钱断

[1] 吴相湘：《晏阳初传》，岳麓书社2001年版，第532页。

炊的情况，就不那么奇怪了。在这种情况下，晏阳初总是不厌其烦地给各位工作人员打气，让他们坚定信心。

实际上，在菲律宾乡村会成立之初，晏阳初就再三强调，金钱不足忧，只要坚定信心，努力为村民服务，有具体工作表现，各方捐款会自动送来的。深受中国传统教育的晏阳初，把《名贤集》开篇第一句话“但行好事，莫问前程”，用行动表达出来，鼓励菲律宾从事乡村改造工作的人员。

对此，时任菲律宾乡村会会长的格雷戈里奥·费利西亚诺感受得最深切。那是1963年，正值晏阳初启行回美之际，他急匆匆地告诉晏阳初：“没有存款了，怎么办？”晏阳初安慰他说：“不要发愁，事情会解决的。”当时需要47000比索支付薪金，翌日早晨，忽有四张支票寄到乡村会的办公室，除了支付薪金，还余下一万多用于其他开支。三个月后，又没有存款了，费利西亚诺急电向晏阳初求援，没有收到回复。不过，一天以后，他又收到12000比索，不过仍然不够；再过了一天，又接到14000比索，刚好够用。他忏悔地向晏阳初写信：“我向上帝谢罪，我太缺乏信心了。”晏阳初给他的回信是这样的：

菲乡村会只遭遇上两次这样的事情，我在中国平教总会时常有如此仰屋叹息无款支用的境况哩！

当年11月，费利西亚诺又因为无钱支付，只好跑到农村去安慰工作人员。翌日，他回到马尼拉，奇迹又一次出现——英国大使和一个英国商人突然造访乡村会，代表菲英协会捐助了11000英镑。他和同事说：“我向上帝第三次请罪，我太缺乏信心了。”[1]

---

[1] 吴相湘：《晏阳初传》，岳麓书社2001年版，第503页。

### 3. “相忍为国”

国际乡村改造学院和中国乡村建设学院一样，是一个私立的学术机构。艰难，自然不仅仅是经费的问题。团结人，形成一个工作团队，有时候可能是更重要的。

国际乡村改造学院主要有三项成系统、有基础的工作：训练、研究和推广。自从该学院成立以来，已先后有菲律宾、中国、日本、印尼、泰国、印度、阿富汗、加纳、阿尔及利亚、肯尼亚、罗得西亚、哥伦比亚、危地马拉等国家的乡村改造人员前去接受培训和进行交流。一些社会团体，如世界宣明会（World Vision International）、美国的基督教儿童福利会（Christian Children's Foundation）、美国和平工作团、菲律宾和平工作团等也先后选送高级人员前去研修。这一庞大的工作，自然需要各方面人才的加入。

然而，这样的“大兵团作战”，对于工作团队的组织，是一个重大的考验。晏阳初回忆往昔说道：“1949年以前，中国平教总会工作同人多达500余人，大都是国内第一流的人才，学有专长、能干且具有献身精神，但其中有三五个不免个性怪癖，要他们合作无间，自然不是很容易。但我们坚持以耐

1968年，晏阳初（前排左二）与菲律宾、泰国乡村运动领导人合影。

性、了解、宽容、谦逊，终于锻炼出了一支有效率的工作团队。”

他总结经验，希望国际乡村改造学院的同人，每周按时举行高级专家与行政人员共聚一堂的会议，自由且坦诚地发言讨论一切问题和计划。在表决以前，每一出席人都有表示他自己个人意见的自由和权力，一旦表决成为结论后，任何一工作同人就有义务遵守这一决定——集体意志、集体贡献后面就是集体力量、集体纪律。他说，要求一个人辞职容易，但要获得并且转变一个人成为能干且有献身精神的人才困难；辞去一个人容易，建立一个人困难；激怒一个人容易，要赢得他却很困难。[1]

1978年，晏阳初访问菲律宾农民。

[1] James Yen: Letter to Dr. Amando M. Dalisay, November 15, 1962, NYC.

晏阳初教导菲律宾乡村会同人多看别人的长处，共同形成沟通交流的习惯，“相忍为国”。晏阳初通过各种方式——写信、演讲、电报、以身作则、躬行示范等，把定县的经验科学地归纳出来、生动地演示出来，使国际乡村改造学院办出了特色，霍普金斯大学、康奈尔大学、俄勒冈州立大学等著名大学纷纷与之合作，开展有关研究与培训。再现了当年中国平教总会与清华大学等高校合作的盛况。

在国际乡村改造学院的推动下，亚、非、拉的乡村改造工作有了极大的发展。许多国家设立了乡村改造促进会的组织，确定了本国、本地区的乡村改造实验场，促成了这些国家地区农民生产与生活质量的改善。

# 十二　专精与老熟

晏阳初晚年的主要的事业是做好国际乡村改造学院的工作。这项工作，晏阳初自始至终都悉心呵护。从1958年12月他提出计划大纲开始，到1990年他去世，这个学院都是国际乡村改造的中心。

1972年，晏阳初夫妇出席泰国乡村改造运动临时总部成立会。

# 计划和职责

## 1. 时代的主题是建设

饱受第二次世界大战之苦的各国人民都急切地希望能安定地生活。经过十来年的发展，菲律宾政局开始稳定下来。毫无疑问，建设是摆在每一届政府面前的重大任务。晏阳初领导的国际平民教育运动促进委员会，根据联合国宪章的精神，在协助菲律宾推行乡村改造的过程中，认为应该根据需要建立一个培训乡村改造人才的学院。

晏阳初所处的20世纪60年代，全球三分之二的人，聚居在许多正待开发的国家中，那里的人们贫穷、疾病流行、愚昧无知且伴随着苛政。所以，晏阳初认为，在20世纪及其以后的时代，最大的挑战不是探究太空的神秘，而是在于怎样发展地球上那三分之二的人群的潜力。国际乡村改造学院的计划，正是在这一背景下，积晏阳初在中国国内28年的乡村改造实际经验而提出的。这一计划的最大特色是建设，最大目标也是建设。

## 2. 为何选择菲律宾？

按照计划，国际乡村改造学院的主要任务分为五项，前面已有叙述。概括地讲，就是科学地开发人的潜力。那么，为什么要选择菲律宾呢？

据晏阳初说，理由有：

（1）菲律宾已有一强大的正在进行有成绩的乡村改造计划和工作，可以提供一适当的训练场地。

（2）菲律宾乡村会有一支才能很高又经过了训练的专家团队，这些人经过严格的实地磨炼，了解乡村改造工作的方法和经验，可以成为国际学院的教师的核心。

（3）菲律宾乡村会有200多名经慎重选择的大学毕业生，他们不仅各有专业技术知识，也表现出献身的热诚。这是土生土长的乡村改造运动工作人员需要具备的重要条件。其他国家选送优秀青年到菲律宾接受乡村工作的训练时，这些大学生可以作为活跃的、友谊的相对一方的人士。

（4）菲律宾经济社会情况和面临的问题，与其他后发展中国家情况相同或者相似。

（5）菲律宾的政治情况比较稳定。[1]

用时下的语言来说就是，菲律宾的乡村建设运动有一定的基础、有推广价值。

### 3. 老套路、新运作

晏阳初为国际乡村改造学院拟定的工作计划，分为训练、研究、推广三个板块。其实深入研究定县实验、北碚中国乡村改造学院的工作，我们可以知道，晏阳初是在高度总结中国经验的基础上，根据实际情况所做的因地制宜的改进。

[1] 吴相湘：《晏阳初传》，岳麓书社2001年版，第533页。引文略有调整。

国际乡村改造研讨会会场。

（1）有特色的训练

接受训练的人员分为：农村工作队人员、乡村改造的各类专家、乡村改造的管理者、乡村工作志愿者。

农村工作队的人员，是那些正待开发国家的大学毕业生，经过了国际乡村改造学院的择优录取，给予一年的训练。训练什么呢？一个是训练科普能力，一个是训练组织能力。有了这两个能力，才能扮演桥梁和教师的双重角色。作为桥梁，工作队人员必须肩负起沟通现代科学和农民的工作，他们必须将科学加以通俗的解释，使农民了解并能够应用。作为教师，他们肩负着训练和组织农民，在乡村计划下实行自助和互助，改善他们所在社区的环境和生活。这个部分的人员是训练的主要对象，需要花大力气、做细致工作。

乡村改造的各类专家，主要包括农业、合作、医药、教育等方面的专家。他们是工作队人员的顾问，但不是狭窄的技术人员。他们与技术人员的不同在于，他们必须认识社会实际，了解乡村改造基本原理，以及各自掌握的技术和社会的关系。按照晏阳初的计划，该部分人员大约要经过3～6个月的学习。

乡村改造的管理者，主要是那些现在已经担任，或者即将担任工作的主持人、监督人和管理人。因为他们在学识和经验上都是乡村改造的专家，所以训练的方式主要是研讨会、实地调查以及实际的工作，他们的工作方式主要是监督、设计、组织和推广。

志愿者包括学校教师、社会工作者、大学生、民间社团、教育及社会机构中热心于乡村工作者。学院会为他们提供4～6周的讲习，对于促进社会对乡村的认识、形成乡村改造的社会氛围具有很大的意义。

当然，并不是每个人都适合接受这种训练。接受训练需要具备四个方面的主要素质。第一，从技术上了解为什么要推动乡村改造，什么是乡村改造以及怎样进行乡村改造；第二，从社会实际出发，去认识工作者如何与农民打成一片的技巧和艺术；第三，应该具有十字军的精神，认识到乡村改造是一

1978年，晏阳初在菲律宾开维特省和农民谈话。

个兄弟对兄弟的运动，应该有天下一家的意识；第四，应有世界眼光，要有为了建设一个新世界而努力的理想。

国际乡村改造学院的训练特别注意学院的田野实习。保证学员有三分之二的时间在田间地头，从做实际的事情中领会乡村改造的真谛，从与村民的日常交往中，懂得尊重村民，认识村民的潜力。

训练还提供奖学金。奖学金颁发的人群，主要是那些在乡村改造中作出成绩的高级技术人员、主管人员以及接受了多项服务训练的大学毕业生。

（2）为了推广的研究

国际乡村改造学院的研究，不是为研究而研究，而是为推广而研究。学院负责组织研究会议和国际平教会与乡村改造的检讨与实地试验。研究是为

1980年，晏阳初在菲律宾乡村和农民在一起。

晏阳初与国际乡村改造学院学员。

了永远保持事业的活力和创新精神，给活生生的社区注入无限的生机，以此来作为向周边社区和同类社区推广、扩展的“名片”。

（3）专家团队引领推广实践

晏阳初提出的推广计划，是由国际乡村改造的专家行动队来实施的。专家团队的工作原则是双向互动。一方面，团队给别的国家提供乡村改造的技术服务；另一方面，这些专家也把当地的新观念、新经验带回国际乡村改造学院。这种通过双向互动累积的科学知识，对学院未来的教育质量、针对性和广泛的代表性有重要的意义，对于发现待开发国家、人民的需要和问题，其作用亦是自不待言。

晏阳初的推广计划，一方面立足菲律宾乡村会在本国的继续努力；另一方面则依据多年形成的推广经验，凭借专业的团队扩大乡村改造在世界上的范围。晏阳初时刻没有忘记他“平天下”的壮怀，他希望通过这一计划，一俟时机成熟，便使各国乡村会组成“世界联盟”，成为一个全球性的有力量的

20世纪60年代的晏阳初。

团体以促进世界和平、天下大同。

## 抓　纲

### 1. 机会宝贵

当1958年晏阳初首次提出这一庞大的计划时，国际平教会并没有立即对此进行论证和表决。通过大约1年左右的酝酿，到1959年，晏阳初在充分准备之后，才拟定了一个详细的方案送给各方检阅。毕竟这不是简单地选择是卖一个萝卜，还是卖两窝白菜。作为一个贫穷的民间学术机构，这一计划又需要多方面的人才、庞大的物力和雄厚的财力的支持，各方人士的谨慎和小心，也在情理之中。加上晏阳初此时已是70岁的老人了，“人生七十古来稀”，他无法预知自己能够到多少岁，所以对上天垂顾的每一次机会晏阳初都高度地重视、认真地把握。我们完全可以从晏阳初筹划国际乡村改造学院那详细的计划、明确的观念和具体的行动步骤中体悟他的认真。

晏阳初的详尽计划，国际平教会在多轮讨论、论证之后获得通过，并以决议案的形式固定下来。1960年12月20日，国际平教会向美国特拉华州政府申请立案，随即于12月27日领得了执照。由于后来发展的需要，又向纽约州政府提出了相关申请，于1965年9月26日也获得执照。此为后话。

**2. 募款难题**

时代在变化，钱不好募集。虽然国内熟悉晏阳初和平教会的人，都知道他是募款的高手，然而他的苦处又有谁知？定县实验、华西试验区、中国乡村建设学院等等，这些私立教育和民间学术机构开展的活动，其实大部分是靠晏阳初到各处化缘来维持，虽然拮据，究竟还能维持。但是，平民教育和乡村改造这类基础性的教育事业，一旦没有款项进入项目运行，其事业很可能马上就会中止。毕竟，教育是不盈利的，也不应该盈利，更没法像生意那样经营。

晏阳初在美国体悟到教育是钱砸出来的。教育的“利”是对国家和民族的大利，是需要经过漫长的时间才能显现出效果的领域。一旦偷工减料，后果不堪设想。国际经济形势好，有大把的钞票砸向教育，为教育募款当然就容易得多。巧合的是，那个时候正是美国社会恰好很有秩序，经济发展的预期恰好很有保障的时期。在这种背景下，涌现出适合于盛世的社会学理论流派——帕森斯和他的结构功能主义。晏阳初这段时间在美国募款自然有一个相对较好的社会环境。

但是，募款的方式，在美国逐渐发生变化。自20世纪50年代以来，美国的对外援助，大多由政府依据一定的计划和程序分别拨付，个人捐助已经很少了。各大基金，如福特基金、洛克菲勒基金等也多以大宗的研究计划或者可以很快出成绩的工作为资助对象。

晏阳初虽然与美国各大基金、财团的负责人都较为熟悉，但爱莫能助者有之，物是人非者有之，客观原因者有之，文不对题者有之……进入20世纪60年代后，晏阳初的好友杰拉德·斯沃普、菲尔德三世相继过世，其子女熟悉晏阳初的事业并愿意支持，但是，阅历较浅，魄力有限，他们对晏阳初这个太过庞大的计划，颇感难以应付，对其所取得的预期效果也不是太有信心。此时，《时代》周刊创始人亨利·卢斯已无余款可捐，只能派一记者到菲律宾参观摄影，在他主管的杂志上介绍，算是为晏阳初的计划尽微薄之力了。

这一计划的资金难题还在继续……

### 3. 分劳

晏阳初在筹措资金这一大事之外，还有许多日常事务需要他亲自处理。国际平教会同人一则感到日常行政工作太过浪费宝贵的经验和晏阳初的优势，再则晏阳初的年龄也不适合再这样操劳。他们多年来深感需要聘任一个得力的助手，为晏阳初分劳，让他腾出时间做更有意义的事情。

机缘巧合，此时，H. B. 普赖斯应聘担任平教会的行政主任，弗兰克·斯帕克斯亦愿意协助国际平教会主持募款工作。在以后的工作中，普赖斯本人既发挥了他的研究优势，出版了关于乡村改造与田野工作、“马歇尔计划” 相关政策的解读、美国的太平洋战略等方面的多部著作，又承担了大量的行政事务。

斯帕克斯的介入，给平教会的募款工作带来了新的思路。此君多年混迹于商界，后进入教育领域也干得有声有色，他所主持的“教育基金支援会”（The Council for Financial Aid to Education）募款甚多，效果明显。但是，其募款的方式与晏阳初之前的方法颇不相同，他需要晏阳初准备20万美元“胚胎金”作为募款的各种费用。

虽然只是方法的不同，但对晏阳初来说毕竟是一个挑战。与时俱进并不是那么简单，需要超越既成经验，需要听得进意见，固守过去的辉煌是不行的。“苟日新，日日新，又日新”。时势逼迫平教会做出选择，在田野实验和捐款工作中，理事会权衡轻重，决定成立国际平教会发展组，并聘任C.W.梅雷迪斯为主任。1963年9月，募款工作摆开架势。首先迫切需要解决的是20万“胚胎金”的问题，因为此时国际平教会的账上已经是“箪瓢屡空”了。

**4. 转机**

斯帕克斯一说“胚胎金”，晏阳初就懂了他的意思。不过，晏阳初想：“难道我真的要沦落到使用这种方法吗？”中国人对“胚胎金”其实从来就

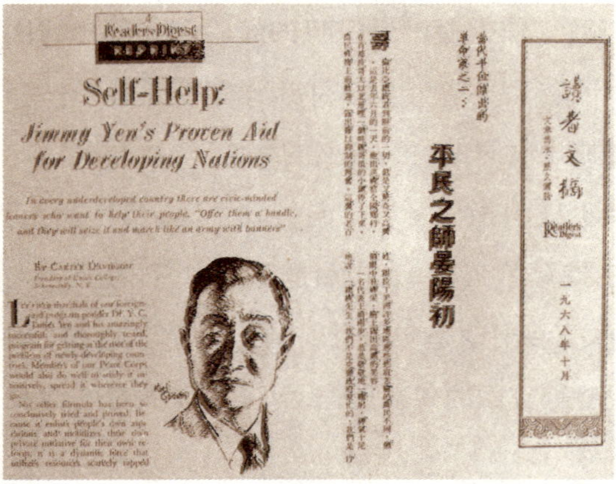
Reader's Digest
Self-Help:
Jimmy Yen's Proven Aid for Developing Nations
當代平伭傑出的革命家之一：
平民之師晏陽初
讀者文摘
Reader's Digest
一九六八年十月

《读者文摘》中英文版刊载晏阳初工作一例。

不陌生。说得简单点，大家都见到过沿街乞讨、坐地要钱的乞丐，盘子里、饭缸里、盅子里，总得事先放入几块零钱，那个就是“胚胎金”。是什么动力？让晏阳初甘愿采取比“臭老九”还不如的“乞丐”的行动。不到万不得已，深谙中国传统社会、熟读古书的晏阳初，难道不晓得“九儒十丐”[1]的说法吗？

但是，即使是这样，晏阳初和国际平教会也难以拿出“胚胎金”。看来，“胚胎金”的问题，也只有靠募集才能解决。此亦不容易，当时形势也不利——美国正陷入越战的泥潭，到哪里去募“胚胎金”呢？

关键时刻，D. 华莱士的眼光，为晏阳初的事业提供了巨大帮助。多方奔走，“胚胎金”在华莱士夫妇、甘博以及斯沃普子女等的帮助下，凑够了。华莱士夫妇更长期支持晏阳初的乡村改造事业，自从《读者文摘》1922年创刊以来，40年间，先后专文登载晏阳初的言行达7次之多，这是空前未有、而且迄今为止还没有人超越的纪录（汽车大王福特出现过4次）。

除了在自家领地为晏阳初的事业提供帮助外，华莱士夫妇还多次举办午餐会，大宴宾客，为晏阳初的计划扩大社会支援的基础。不到1年时间，共计募得现金近20万美元，还有与会者认捐的70多万美元。美国氰胺化学公司还不止一次捐款，前后共计50万美元。巨款一到，国际平教会立刻在菲律宾甲米地省动工修建校舍。

### 5. “下活一盘国际大象棋”

燃眉已解，当思考长远的发展。第1期募捐的艰难，让晏阳初不停地思索，若欲平民教育和乡村改造持续地办下去，“沿门托钵”显然是不行的。是

[1] 一种说法是，元代统治者人分为十等，读书人列为第九等，居于末等的乞丐之上；清代史学家赵翼《陔餘丛考》：“郑所南又谓元制：一官、二吏、三僧、四道、五医、六工、七猎、八民、九儒、十丐。”

1966年，晏阳初考察危地马拉乡村工作。

1970年，晏阳初再次考察危地马拉乡村工作。

20世纪80年代的晏阳初。

哪里出了问题呢？可持续的道路在哪里呢？

普赖斯的提醒，让晏阳初思索着一盘“国际象棋”。普赖斯深入地研究过“马歇尔计划”，并随时关注美国民间和官方的援外政策。他提醒晏阳初，美国各界当时（20世纪60年代）对于援助拉丁美洲的兴趣浓厚，民间还有“进步同盟”等组织，力求协助中美、南美各国政治、经济、社会教育等各方面的进步，使当地人民早日摆脱贫苦生活。晏阳初的好友纳尔逊·洛克菲勒和道格拉斯大法官早已热心此事，并和拉美各国人士保持广泛的联系。能不能把菲律宾的计划和美国的援助结合起来呢？

晏阳初思考的初步结论是：能！他依据世界历史的事实，认为拉丁美洲各国和菲律宾一样，都长期受西班牙的殖民统治，后来虽然借国际革命大形势的东风先后独立，但西班牙文化的若干因素仍然留存在这些国家中。如果选送这些国家的人员到菲律宾接受训练，那么他们不仅可以很好地适应，而且回国后对推动乡村改造将有较大的便利。

不过，这还仅仅是一个假设。科学的态度促使晏阳初马上投入考察拉美各国的行动。1961年7月，晏阳初一行到委内瑞拉、危地马拉、哥斯达黎加、波多黎各等国考察，晏阳初的计划获得了各国朝野的热烈欢迎和响应。他的考察，证实了这些地区面临的基本问题，和亚洲具有相似性。

在1964年再次考察拉美并和当地民间领袖研讨之后，晏阳初在平教会的集会时，论证了平教会选送拉美人士到菲律宾接受培训的重要性和意义，认为："这农村改造运动的意义，不只是提高生活水准而已，实在是增高人的尊严以及为争取社会公平的战斗，菲律宾在乡村工作的贡献，不是为中南美洲，也是为亚洲、非洲的人群。"[1]

至此，晏阳初逐步提纲挈领地把世界各国分散的乡村改造运动联合在一起。优势互补、共同进步，为着夯实世界和平发展的基础而努力。[2]

### 6. 留心治道

20世纪60年代中期之后，晏阳初逐步把手中的日常工作交由菲律宾乡村会、国际乡村改造学院和国际平教会诸位同人。在走活了乡村改造的国际合作这盘"大棋"之后，募款的难题也算解决。到1979年，国际学院收支不能平衡的状况得到根本的改观，开始没有出现赤字了。庶务已告一个段落，晏阳初深刻地感到，如果还有什么事情要做的话，那就是总结经验，留心治道。

晏阳初坚持多年，深感中国平教总会以及菲律宾乡村会四十余年来的工作，都是血汗经验的积累。如果不能用"言有物、言有序"的语言将之归纳总结，表述出来，那么这些宝贵的经验将有可能随着时间的流逝而淹没。"言之无文行而不远。"留心治道，意义重大。

晏阳初关于乡村改造原理、方法和准则的文字，精炼而清新，多在此期

[1] 吴相湘：《晏阳初传》，岳麓书社2001年版，第549页。

[2] 参见詹一之、李国音：《一项为和平发展奠基工程——平民教育之父晏阳初评介》对此的评价（四川教育出版社1994年版）。

间完成。仅仅举两个例子：第一，乡村改造工作人员的九大守则，它的英文仅仅41个单词，简洁至斯，可谓精彩。

(1) 深入民间（Go to the People ）

(2) 与平民打成一片（Living among the People）

(3) 向平民学习（Learn from the People）

(4) 与平民共同商讨乡村工作（Plan with the People）

(5) 依平民知晓的进行（Start with What They Know ）

(6) 在平民已有的上面建设（Build on What They Have）

(7) 不迁就社会，应改造社会（Not to Conform, but to Transform ）

(8) 不可零碎地做，而是整体连环地进行（Not Piecemeal, but Integrated Approach）

(9) 不是救济，而是发扬（Not Relief, but Release）

第二，乡村改造的要素，晏阳初概括为：以国际乡村改造学院的精神为基础来认识技术、认识社会。其中，他尤其强调国际乡村改造学院的精神，并把它具体表述为：威武不能屈、富贵不能淫、贫贱不能移、战乱不足忧。

然而，晏阳初的"道"不是刚性的。他不希望人们把以上的总结文字当做教条来理解。因为文字如同土壤，不勤劳地耕种，就会板结。他总是强调应该因时、因地制宜，乡村改造的基本必须适应当地的环境。他对待开发国家的乡村工作者说："一定要谨记利用你们自己的优良传统和文化遗产，千万不要只知崇拜美国、法国、西班牙；唯有利用自己文化遗产来建设自己的国家。"[1]

---

[1] 吴相湘：《晏阳初传》，岳麓书社2001年版，第550页。

## 蔚为大观

前已言之，晏阳初的平民教育和乡村改造深受西方科学主义的影响，他是在整体的逻辑下，不断改进解决具体问题的方法。所以，经验的积累、方法的改良、查漏补缺就成为晏阳初在菲律宾国际乡建院推动事业的一大特征。

如果说中国定县实验和华西试验区还有人提出批评意见[1]，那么晏阳

国际乡村改造学院和乡村运动的职员热烈欢迎晏阳初夫妇。

[1] 如千家驹、李紫翔、费孝通等认为晏阳初的乡村建设没有触及土地制度，仅仅是教育技术而已。

1982年，马纳汉在庆祝菲律宾乡村运动30周年纪念时，向晏阳初赠送表扬状。

初在菲律宾的乡村改造就老熟、立体得多了。毕竟晏阳初是一个听得进意见的教育家，如果在国内的实践的确出了问题，那么，他会在继续前进的道路上，弥补这些缺陷的。

晏阳初十分重视血汗累积的经验。晏阳初认为，乡村改造是数千年来忽略的大问题，近四十年的实践是在尝试与探索中进行的，并没有先例可循，更没有专门的理论著作，在实践中自然会遇到挫折和磨难。如果说还取得了点成绩，那显然是坚定信念，在不断前进中注意虚心检讨得来。值得欣慰的是，菲律宾乡村会各级人员的工作记录还保持得较为完整，所以，经过普赖斯两年多的收集整理，在学院校舍落成后不久，就刊行了一本名为《乡村改造及发展》的工作手册。手册除刊行了英文版外，还有西班牙文，全书凡22

章，四大连环计划——生计、教育、卫生、地方自治——实际活动的经验与检讨，占全书五分之四，是为重点。此书不在理论，而在实际的行为和触手可及的成果。

计划生育的成绩，难能可贵。20世纪70年代，国际学院重新审视定县实验节制生育工作的成败，以此为推动菲律宾家庭计划生育工作的依据。晏阳初在总结定县实验时说："农村家庭节制生育工作，已开始起步，但传统观念及器材药品的价格甚高，仍是最大障碍。"[1] 所以，在菲律宾研究和实践中，晏阳初建议J. 弗拉维耶采用教育、诱导、现身说法等方式推进工作，取得了较为令人鼓舞的效果。菲律宾参议员马纳汉在国际学院推行"家庭计划生育"实验时，即撰文《晏阳初：为平民的十字军人》说："晏阳初和人类伟大的

1981年，晏阳初与国际乡村改造学院的学员在一起。

[1] 吴相湘：《晏阳初传》，岳麓书社2001年版，第218页。

思想家一样，他具有领先他的时代的天赋才思。这是一项农村发展工作者难于相信的事实：远远回顾20世纪30年代，定县实验时，晏阳初和他的同人们就已经把节制生育与农业生产问题并排处理。这一意义十分明显的真实，50年前，晏阳初就开始构想农村发展的观念。他领先时代50年。现在世界其他国家才开始追随他。”[1]

科学简单化、农民科学化有新思路。实际上，国际乡村改造学院创立的最大目标，就是研究“科学简单化、农民科学化”的方法。晏阳初因初步找到了方法就在哥白尼纪念大会上获得伟人称号，可见，科学的普及不是一个小问题。菲律宾在继承定县实验和华西试验区的经验基础上，自1972年开始推行“农民学者”计划，旨在让农村社会形成一套农业技术薪火相传的制度。这一制度不是外来强加的，而是扎根农村的；不是行政拉动的，而是讲求其内生性的。学院生计部主任R. W. 罗斯克利主持该计划。他在晏阳初的指导下，设计了四个相互关联的部分：第一，简化科学知识与技术，使未受训练的农民易于理解应用，以增加农村主要收入如稻谷、蔬菜、水果、家禽、猪、牛等的产量。第二，为慎重选择的“农民学者”发展一套训练方法和训练课程，以便他们可以传授给其他的“示范农户”和“推广农户”，使他们成为在农村推广农业技术的基本动力。第三，发动试验区内的公立、私立农业机构建立联合会，组成专家组，对受过训练的“农民学者”进行必需的技术支援。第四，组织乡村协会，处理信用、购买、销售事宜，训练农民成为他们自己产品的主人。

这一计划，不仅让菲律宾的农业增加了收益，而且训练了亚、非、拉美国家的农民及农业官员。晏阳初逐步迈向了早年“平天下”的愿望。

---

[1] 吴相湘：《晏阳初传》，岳麓书社2001年版，第562页。原文载1972年6月18日《马尼拉时报》。

# 平天下

## 1. 固本安邦

中国以农立国，农为国本。这个“本”不是从数字计算得来的。传统中国人长期盛行着“随分耕锄收地利，他时饱暖谢苍天”的耕织风气。这一风气的长远意义，往往要等见到不按这一规矩办事的恶果出现，方始知晓。清代末年，农桑不振的恶果渐趋出现，有识之士方始觉悟固本安邦之重要。

早期的觉悟者为国父孙中山先生。他不仅首先于1890年《致郑藻如书》中言明要“振兴农业、戒禁鸦片、发展教育”，而且在1894年《上李鸿章书》中系统论述“人能尽其才，地能尽其利，物能尽其用，货能畅其流”。孙博士反对“坐言”，提倡“起行”。倡行经年，千年帝制为之崩摧。

晏阳初的觉悟，则是来自实践，来自一次365法郎的捐款。他说：“我去法国，原是想教育华工，没想到他们竟教育了我。他们的智力和热诚，渐渐引导我发现一种新人。这新人的发现，比考古学家发现北京人，也许还要重要……（虽然）孔子早就提出了‘有教无类’，可惜他的门徒没有实现理想。”他在苦力的“苦”中发现了苦力的“力”。于是，晏阳初立志回国后，既不做官，也不发财，而是把自己的终身献给劳苦大众。在法国的经历，使晏阳初领会了“民为邦本，本固邦宁”那鲜活的意义。

奋斗一生，初衷不改。国际学院举办的训练，无论是定期的，还是不定期的，晏阳初每次必然到会主持讲述乡村改造的基本原理和独特的精神。到20世纪80年代，国际乡村改造学院20年的实践证明，从平民教育和乡村改造入手，达到消弭战乱、平治天下的目的，在不同文化背景下都有成效。固本安邦

1988年4月，全国人大教科文卫委员会组团赴菲律宾参加乡村改造国际学术研讨会。前排左起依次为郁晓明、吴福生、弗拉维尔、晏阳初、马纳汉、颜彬生，二排左起第四人为陶维全、第八人为宋恩荣，三排左起第三人为詹一之。

平天下的进程必须步步踏实、循序渐进，急躁不得。

### 2. 变与不变

定县实验被称为“人类社会实验场”。这场实验，不同于一般科学实验，因为它不允许失败。当时，它积聚了国内众多第一流人才，他们十年一剑，埋头苦干，创造出一套改造乡村的教育推广制度。虽然后来因外部环境的变化，平教总会西去南迁，辗转各地，然而定县实验作为蓝本的地位从来没有发生过改变。

技术上的改进和原则上的坚持。菲律宾国际乡村改造学院在非洲、亚洲和中南美洲的实验，在技术和方法上有了新的改进。然而，鼓励当地人自发自动组织乡村改造促进会，注意四大教育的连环配合、整体推进，培养农民自发自动精神等等具有定县特质的原则，长期通行于国际乡村改造的实践。要做的工作，一则是坚持，再则是因时因地制宜。

### 3. 什么可以永恒?

有识之士总是想方设法挑战个体的有限性。庄子叹“生也有涯，而知也无涯”，曹丕苦“年寿有时而尽，荣乐止乎其身”，东坡“哀吾生之须臾，羡长江之无穷”。天地之间，又有什么可以永恒呢?

其实，想要将自己的事业“传之万代，贻厥孙谋”者，哪里才止“自古帝王”呢?晏阳初享年百岁，已是十分难得。然而，他总归是要离去的，又哪有因为人们舍不得而滞留的呢?年过八旬、九旬的时候，晏阳初是否思考过事业如何薪火相传呢?要传，又传什么?

其实晏阳初从一开始就在思考薪火相传的事情。定县实验的目的旨在推广。导生传习制，是其中一个方法。表征农家，又是一个设计。关键的问题，在人，而不在物。能够不断吸引更多的人，加入某一事业，这一事业才能无穷。至于这一事业，叫做什么名字，有什么称号，那都仅仅是一种机缘。天下“异名同谓”之事，所在不少。成事者，不慕虚名，而取实在。

传什么呢?精神。晏阳初和同人奋斗72年，形成了一套精神、制度和方法。定县实验、华西试验区、亚非拉美各国乡村会的实验，都是一以贯之的事业。晚年的晏阳初，不仅重视言传，更重视身教。他一生不为困难、坚持不懈的精神，无法用言语表达；他晚年不辞辛劳的演讲、意味深长的文字总结，可以铭刻在桌边，记之在心上。

未来，能否以晏阳初的名字永恒地命名平民教育、乡村改造的事业，还得看机缘，然而，晏阳初的这份坚持精神，真是不易得。

# 十三　遗憾与欣慰

1990年4月，晏阳初平民教育与乡村改造思想国际学术讨论会在石家庄召开。

# 带着遗憾与希望离去

继1985年9月首次回国访问之后，晏阳初于1987年7月，再次回到中国来访问。在这次回国访问中，中国欧美同学会特别为他举行了欢迎会，并推选他为欧美同学会海外名誉会长。他还特地到梁漱溟先生的家里拜访。两位中国乡村建设运动的创始人，促膝相谈，共同回忆半个世纪前，他们分别在河北定县与山东邹平，遥相呼应进行乡村建设实验，一起推动乡村运动的往事。有着70年交谊的两位世纪老人，跨越了半个世纪的分别，克服了万里重洋的阻隔，终于又相聚畅谈。

1987年7月6日，晏阳初（左一）拜访梁漱溟（左二）。

中国由改革开放带来了“科学的春天”，出现了相对较为宽松包容的环境，学术界对晏阳初等人的研究，也空前地活跃起来。1987年10月31日，是中国农历的重阳节，这一天恰逢梁漱溟先生95岁的华诞。中国文化书院发起组织了“祝贺梁漱溟先生从事教学科研70周年国际学术研讨会”。梁漱溟先生亲自参加了在北京二七剧场的开幕会议，并登台致辞。此后不久，由中国中央教育科学研究所与国际乡村改造学院一起策划的“晏阳初平民教育与

1987年7月10日，晏阳初一行第二次回国访问，欧美同学会设宴欢迎（左起：晏阳初、严济慈、伍修权）。

乡村改造思想国际学术研讨会”，也预定于1989年秋在北京召开。晏阳初先生十分重视这次会议，他虽已年迈力衰，但仍认真准备，他要再次回国，希望在晚年为国家再做些事情。同时，他也希望亲临会议，并发表演说。但是，由于中国发生了动乱，会议因故改在1990年的5月末举行（会址也改在河北石家庄）而不幸的是，就在1989年的冬季，晏阳初因摔伤，腿部骨折，后并发肺炎，于1990年1月17日在美国纽约逝世，享年100岁。他的逝世，使许多渴望与他一见的海内外与会者感到遗憾。对于晏阳初来说，因延期而未能参加为他举行的研讨会，也是一个遗憾。更令他遗憾的是，他所期望在有生之年为祖国多做点事的愿望未能实现。

弥留之际，晏阳初对前来探望他的国际乡村改造学院负责人弗拉维尔——一位与之同事了28年的战友，表露的心迹竟是：“过去的70余年，只是为未来的工作做准备，我的工作刚刚开始……”

1982年，晏阳初在纽约寓所。

## 以坚持回报赞誉与批评

对于晏阳初的思想与事业的评价，从20世纪20年代起，就有明显的分歧。赞誉者褒扬有加，反对者贬损无遗，真可谓仁者见仁，智者见智。褒贬评赞，历来不一。如果我们站在一个社会学者的角度，把晏阳初及其乡村建设运动看成一个社会事件；站在一个教育学者，把晏阳初的平民教育看成一套

国内外晏阳初研究的部分成果。

成体系的技术和方法，那么，所谓历史人物的短长，往往就只存在于凡人眼中。

马克思历史唯物主义告诉我们，评价历史人物的时候，不但要唯物，而且要历史。也就是说，一方面，把历史人物放在当时、当地，做那时、那地的评价；另外一方面，如果历史人物的思想和行为，对于当前的社会问题和未来可能的社会发展，能够有所裨益，那么，我们可以把他放在更长远的人类历史长河中看待。

### 1. 艾恺讲故事

与晏阳初一样开展乡村建设的另外一位领袖——梁漱溟，晚年基本上认可晏阳初平民教育的基本判断。但是在一些具体问题上，他们是不同的。这方面，有许多硕士和博士论文，以及一般的期刊文章都对此有所涉猎。比较有意思的是，1980年，在两位都已迟暮之年，美国芝加哥大学的艾恺教授专程跑到北京请梁漱溟讲故事：

艾：晏阳初，我不知道您对他有没有……（梁：很熟悉。）您对他有没有什么评论、评价？

梁：他人很好，听说现在在菲律宾。

艾：最近几年我不知道。我在哈佛有一个比我早一点的博士班的同学，他的博士论文就是晏阳初。他研究论文的时候跑到菲律宾跟晏谈谈，没有出版了，他写得不够好还是怎样吧，反正是没有出版……他是在菲律宾搞乡村建设。

梁：对，晏阳初的大儿子在北京，来看我，告诉我他父亲、母亲都在菲律宾。

艾：您看，把您自己对乡村问题的看法和晏阳初对乡村的看法比一比，最大的区别在哪里啊？

梁：（笑）晏阳初在头脑、思想方面，缺乏哲学的头脑。他原来是一个"识字运动"家，他这个"识字运动"跟他的宗教有关系。宗教家总是要做慈善工作，帮助穷苦人，所以他最初是在第一次欧战，第一次欧战法国人就去打仗了，就到中国来招募华工去工厂做工，那么中国农民当然很高兴去做工，可以有好收入，比在农村生活好。可中国农民不识字，远隔了家庭，家庭里也常常要通信给他，他也想通信给自己家里，可是不会写字，这样子晏阳初就是帮助工人写字、认识字，好可以看信，好可以写信。开头就是对法国华工做识字运动，这样子开头的。事情后来变了，法国不大需要做工作，他就回中国。回中国他还是想做识字运动，起初到了北京，可是有人告诉他，你要做识字运动，帮助穷苦人，那么主要的还是农民，人数最多的是农民，不识字的也是农民，你与其到北京不如下乡，他这样子才去了定县。在定县，他就把他的——他原来号称"平民教育"——他就把"平民教育"说作"四大教育"，他说中国农民有四个毛病，"贫愚弱私"，针对"贫愚弱私"搞"四大教育"。他是这个样子。

艾：你自己来评价他的工作，或者他的思想，您觉得怎样？

梁：我觉得他缺乏哲学头脑，"贫愚弱私"这个看法不高明。比如说"贫愚弱私"的"贫"，当时的中国的问题，不是"贫"的问题。那么是什么问题？怎么会不是贫的问题，农民很贫了？我认为真实的问题是"贫而越来越贫"的问题。人一生下来，一个小孩子生下来，什么也没有啊，没有不要紧，创造、发展就行了，所以不是"贫"的问题，而是"贫而越来越贫"的问题，就是说中国的社会在那个时候是向下沉沦的问题，向下沉沦，走下坡路，一定要把中国广大社会从走下坡路扭转为走上坡路才行。可是晏先生他缺乏这种看法。[1]

---

[1]〔美〕艾恺采访，梁漱溟口述：《这个世界会好吗：梁漱溟晚年口述》，东方出版中心2006年版，第182~183页。

艾恺，何许人也？美国前总统尼克松访华时，美方的中文翻译也。因为此君的中文，得名师传授，而此名师，又与晏阳初颇有渊源，所以他锲而不舍地叫梁漱溟给个正面回答。

名师者谁？赵如兰也。如兰者谁？哈佛首位华裔女教授也。中国有个语言学家叫做赵元任的，他在语言上的功力与天赋、奇闻与轶事，数不胜数。而艾恺教授的中文教师赵如兰女士者，即赵元任之千金。同为哈佛大学的同

晏阳初与夫人许雅丽晚年留影。

事，他之所以对晏阳初感兴趣，大半是出自赵如兰女士的介绍。毕竟，老父亲和晏阳初的多层关系，他觉得有必要对晏阳初的事业做一个客观的交代。

所以，艾恺借梁漱溟之口，收获了一些东西，传达了一些东西。在艾恺教授锲而不舍地追问下，梁漱溟最终不得不顾左右而言他。有些事情不好说，然而两位老人为了一个更加美好的乡村，拳拳之忱溢于言表。

**2. 赞成者的评价**

赞成晏阳初的人，多列举其事业与思想的成就；称颂他的独创与贡献；加冕了他诸多桂冠。

（1）国内名流几多誉

蒋廷黻，秉持历史学家的治史态度，先对定县实验做了一次实地的考察，认为："不但以往我自己的印象错了，就是别人批判平教会者及赞扬平教会者似乎都没有找到平教会的真正使命，反为许多枝节问题蒙蔽了。平教会的实在贡献，在把科学和农村连合起来！科学——自然科学及社会科学——好比一个泉源。平教会开了沟渠、接上管子，把泉源的水引到民间去了。换句话说，平教会的试验找到了改造中国农村的技艺和方案。平教会的教育是真正的活教育，平教会实在是用教育来造就国民。"[1]时人或有人认为晏阳初"沽名钓誉"，比如燕树棠在《独立评论》上的《平教会与定县》就将晏先生揶揄了一番，蒋廷黻于是澄清说："定县人不知道'小教师'原来可以做大教授而为其理想所迫不作！我确知道他若不到定县去，他所能得的收获，在升官发财方面只有比现在还好。像他这样的资格和训练而在国内各界居高位者比比皆是。这个院长的地位算不得'很大成功'了。"

北京大学教授周作人参观定县之后说，平教会的一绝大特色是，认清了

[1] 蒋廷黻：《平教会的实在贡献》，1934年5月13日《天津大公报·星期论文》。

它工作的对象是眼前生产着行动着的人民，并“清楚知道这些事情而动手去做”，不唱高调、不说空论。他对平教会很有一种敬意。[1]

当时任国民政府行政院华北战区救济委员会委员的章元善，在《从定县回来》一文中指出：“平教运动在这一年内，得到了它的生命基础；新近科教计划已渐渐趋入于经济一途。他们在生计教育、研究农业之外，兼办合作事业。这一步演化是很值得注意的。”他认为平教会得到了人民的信仰；教出来的学生都是生气勃勃，所学知识技能切合实用，教育的效力不断影响到家庭的改良、生计的发展、村风的改善。平教运动有了出路。[2]

毛应章认为：“一般之农村教育者，地仅限于一小乡村，均无普遍共通之性，且无推广全国之计划。惟河北定县所办者，乃以县为施行之单位，有普遍全国之计划。”说定县之平民教育，是“救济当今中国农村之唯一的良策”。[3]

《大公报》主编张季鸾指出，平教会近来的事业，专以八千万失教的青年农民为对象，就是将国家教育系统上所不闻不问的这一阶段的农村青年，给他们文字知识，与其他公民训练及保健卫生的知识与训练。他认为晏阳初确有先见。[4]

1942年，薛暮桥在给刘少奇的信中指出，乡村改造派“主观上是企图改造乡村，改造中国。他们不是为掩护地主资产阶级，甚至不是为着个人的金钱或地位，而是为着追求光明，追求自己空洞的理想而在这里艰苦工作着”。[5]

（2）国际贤达亦如斯

---

[1] 周作人：《保定定县之游》，《国闻周报》第12卷第11期，1935年1月1日。
[2] 章元善：《从定县回来》，《独立评论》第95号，1934年4月8日。
[3] 毛应章：《定县平民教育考察记》，南京拔提书店1933年版。
[4] 张季鸾：《秀山堂一夕谈》，《国闻周报》第11卷第23期，1934年。
[5] 薛暮桥、冯和法：《〈中国农村〉论文选》（上），人民出版社1983年版，第23页。

由于晏阳初为中国平教运动多次赴美募捐，在美国朝野各界演讲呼吁，因此，在美国获得了较为广泛的影响，赢得了众多的好评。

美国驻华使馆商务参赞安立德称，定县实验与平教会倡导的平民教育、乡村建设，"这是文明古国的四万万人里正在发展的一项最重要而且非常具有助力的运动"。[1]

美国哥伦比亚大学教授J. T. 肖特韦尔，赞扬定县实验不仅注意农产的增加，尤重视使经过教育的农民养成使自己能担负起责任。这是自日常生活一般事情上保证真正民主政治的一项努力。"这一注重培养人民自己负责的基本观念，自将形成全国人民生活的永久基础。"[2]

美国耶鲁大学艺术学院戏剧系教授亚历山大·迪安在定县平教会露天剧场观看农民演出的话剧《过渡》之后，说农民的演出把握了人类的普遍的人性，具有感动观众的最大力量。其内容与演出方法已走在任何国家之前，这不仅是教育、是宣传，还是至高的艺术。[3]

美国哈佛大学哲学家W. E. 霍金说，我们在平教会平民学校感受到：热烈的人群奉献和牺牲精神，与爱国情怀相互结合，正在使青年们迅速觉悟，这是在东方从未见到的如此光明正大及充满智慧的计划，它预期将充实中国的精神与德性。[4]

美国著名进步记者埃德加·斯诺，访问定县之后，评价晏阳初说，他在祈祷以后表现的热诚与坚定信仰，以至有些时候，与其说他是一位进步的教育家，还不如说他更像一位革命的战斗员。[5]

---

[1] 吴相湘：《晏阳初传》，台北时报文化出版事业有限公司1981年版，第322页。
[2] 吴相湘：《晏阳初传》，台北时报文化出版事业有限公司1981年版，第324页。
[3] 吴相湘：《晏阳初传》，台北时报文化出版事业有限公司1981年版，第423页。
[4] 吴相湘：《晏阳初传》，台北时报文化出版事业有限公司1981年版，第322页。
[5]〔美〕埃德加·斯诺：《唤醒中国的民众》，1933年12月17日《纽约星期日先驱论坛报》；见宋恩荣主编：《晏阳初文集》，教育科学出版社1989年版，第378页。

美国著名教育家孟禄认为，定县四大教育均齐发展（整体推进式的发展）的价值重大。他的评估报告认为："定县的识字教育很成功；合作社推广、资本借贷、消费品购买、产品运销等均较以前灵活，金融情况也较景气；卫生教育成绩显著。"[1]

在赛珍珠和道格拉斯大法官联署的"东西方协会主席和董事会的奖辞"中，他们是如此这般地评价晏阳初的："出生于书香世家的中国人民的儿子和世界的公民——晏阳初，照理说，你完全可以凭自己出众的才华而赢得声望和舒适的生活。然而，你却无私地把毕生精力奉献给自己祖国成千上万的地位低下的人民……如今，你已准备了一整套不但能为中国，而且能为世界任何地方平民改善生活，并被证明是行之有效的办法。你在世界之黑暗处点燃了一盏明灯……衷心感谢你与平民教育促进会对人类所作的贡献。"[2]

如果评选谁是近代中国的"头号中国通"，那么费正清毫无疑问会当选。此君是哈佛大学终身教授，是在中国官方和民间都认可的、美国最负盛名的中国问题观察家。他创办了哈佛大学东亚研究中心，这个中心，一直是东亚研究的权威学术机构。此君曾于1935年12月同夫人一起访问定县，参观了"气质非凡的晏阳初制订的一项计划"——"重建农村平民教育运动"。他说："我们走访了定县的一些村庄，那里的医疗诊所和识字班正在一点一滴地解决人类问题，而这种问题通常都是那么庞大，耗尽了人们的想象力。我们发现，把识字、卫生和科学务农带到农村，不可避免地会导致农民联合起来，组织成团体，并由此引起政府和地主的不满……但1937年日本人的入侵迫使他移到四川，这时国民党政府开始怀疑任何一个在农村从事活动的人，深恐有人煽动农村的骚乱。1935年，他的农村改造事业作为美国现代知识在中国农村的

[1] 吴相湘：《晏阳初传》，台北时报文化出版事业有限公司1981年版，第324页。
[2] 宋恩荣主编：《晏阳初文集》，教育科学出版社1989年版，第351页。

推广仍然是很有影响的。如今45年过去了，又经历了几次战争，这项事业仍旧是有效的……”[1]

（3）桂冠辛酸有谁知？

美国的桂冠和荣誉不好拿，没有做实实在在的事情是拿不了的。这是大家都晓得的。一有不公正，林肯的至理名言就冒出来了：“你可以一时欺骗所有人，也可以永远欺骗某些人，但不可能永远欺骗所有人。”真是“眼前有景道不得，崔颢题诗在上头”。所以，面对有些有争议的桂冠和荣誉，有的人宁愿选择放弃。

然而，晏阳初在美国的受尊重程度，几乎在华人世界中有压倒性的优势。比如，1945年11月，美国旧金山市参事会一致通过颁给晏阳初“荣誉公民尊敬状”。“尊敬状”上写道：晏阳初是经东西方各权威人士公认的真正的哲学家与人道主义者。历史将以最高地位记载晏阳初对中国的贡献。旧金山市市民为表达对晏阳初伟大成就的诚挚尊敬，特奉赠“荣誉公民”。[2]

1944年至1945年间，美国锡拉丘兹大学、坦普尔大学、路易斯维尔大学等校先后授予晏阳初荣誉法学博士、文学博士学位，借以嘉许他在中国推行平民教育的贡献。坦普尔大学举行赠授典礼时，表扬状上写道：“晏阳初和一群优秀的专家献身这项工作，居住在乡村里，运用这新的媒介方法，表证出平民经组织后，不仅消除了文盲，并且还能革新农业生产方法，使乡村工作复苏，又改善卫生保健，以达成有效率的地方政府。由这些在教育上及社会改造的伟大成就论：晏阳初实在是一具信仰富想象的英勇学者，也是他的万千同胞心智与精神的解放者。”[3]

晏阳初获得的荣誉多么让人羡慕，然而又有多少人知道他的辛酸呢？

---

[1]《费正清自传》，天津人民出版社1993年版，第152页。
[2] 吴相湘：《晏阳初传》，台北时报文化出版事业有限公司1981年版，第451页。
[3] 吴相湘：《晏阳初传》，台北时报文化出版事业有限公司1981年版，第450页。

晏阳初既然可以和同人总结出中国社会的问题是“贫愚弱私”，那么，对于事业中可能受到的阻碍难道他不知么？深入乡村推行农村改造，对各方面都极具挑战性，嫉妒和反感，甚至恶意中伤攻讦，在所难免。怎么办？晏阳初说，“止谤莫若自修，事实胜于雄辩，有具体成绩呈现于世人，误解就可能转化为了解”。

### 3. 答复微词唯坚持

有批评是好事，批评激励奋进。当然，我们所谓的批评，是就事论事的批评。对晏阳初及平教会的批评中，有的人历数其工作中的不足与理论上的缺失，给予批评指责，此为激励晏阳初事业前进的“牛虻”；有的则认为晏阳初与平教会从事平民教育与乡村建设，是居心叵测、别有用心，此为没事找事的“牛二”。凡此种种，晏阳初并未用语言进行辩护。

国民党中央委员张继，于1933年10月2日在《北平世界日报》上发表了对定县平教实验的批评。他认为：“定县事业，直不啻一骗人东西。”指责定县实验耗资巨大，计划需时太久。“考其成绩，实不过一隅之发展，何补于整个之农村。”结论是：“乡村事业，欧美已行之有素，可资借镜，不必闭门造车，独出心裁。”[1]

北京大学法律系教授燕树棠在《独立评论》上发表《平教会与定县》一文，指责平教会在定县“引起了教党与非教党的冲突”，并“时常训诫地主不得压迫租户，债主不得压迫借债人”，说“平教会是在定县潜伏的反动势力”，故“河北省军警当局把定县划作赤区”。[2] 1931年，蒋介石曾派中央军校考察团赴定县考察。该团在考察之后，一面赞扬定县实验中的某些成绩，同时

[1] 吴相湘：《晏阳初传》，台北时报文化出版事业有限公司1981年版，第331页。
[2] 吴相湘：《晏阳初传》，台北时报文化出版事业有限公司1981年版，第333页。

又指责定县“不推行国民党的党化教育，而采取了教育中立主义”。

由于20世纪40年代末晏阳初在美国争取美援的活动中所持的立场，新中国成立后，他受到了严厉的批评。他被认为是“美帝国主义利用来侵略中国的一个理想人物”，[1]是“直接受美帝国主义指使，向中国人民巧妙地施行文化、经济、军事、政治侵略的‘奴才’”，是“美帝国主义的走狗”[2]，是“打起‘学者’招牌，披上‘改良主义’外衣的‘江湖客’”[3]。中华平民教育促进会也被定为“是完全为美帝国主义侵略中国的工具”，因而被重庆市军事管制委员会强令解散。[4]代理院长魏永清则被逮捕，以反革命分子罪处以死刑，缓期执行。

在批评者行列中，也有一些采取分析态度，给予中肯批评的。如美国人斯巴丹指出，平教会的组织太美国化，头大体小；而人才也太学者气；用钱靡费；统计数字不清楚。[5]

特别值得注意的是中国农村经济研究会的极有价值的批评意见。为什么值得一提呢？因为该会是一个中国共产党领导下的活跃在国统区的合法团体，《中国农村》是它的主要阵地。它的主要成员在民国和新中国都很有点威望，治学和治政能够相得益彰，诸如孙冶方、吴觉农、孙晓村、冯和法、李紫翔、陈翰笙、钱俊瑞、薛暮桥等。他们不仅是晏阳初事业的观察者，更是晏阳初互相砥砺事业的朋友。中国农业研究会诸君，曾针对平民教育和定县实验发表了许多意见。基本的结论认为，晏阳初的做法是改良主义的，但并没有否定晏阳初思想与平教总会的工作。对于晏阳初和平教总会的工作精神，以及其开创性地把工作的重心自大都市转移到乡村等事实，非但没有丝毫的菲

[1] 1950年12月22日《重庆新华日报》。
[2] 邹沧萍：《我所认识的晏阳初》，1950年12月5日《重庆新华日报》。
[3] 甘泉：《撕破改良主义外衣看晏阳初的真面目》，1950年12月28日《重庆新华日报》。
[4] 1950年12月22日《重庆新华日报》。
[5] 宋恩荣主编：《晏阳初全集》（第1卷），湖南教育出版社1992年版，第209~210页。

薄，相反却表示了深切的同情。[1]在这类批评意见中，较有影响的如李紫翔的《中国农村运动的理论与实际》，千家驹的《中国农村建设之路何在》、《中国的歧路》，吴半农的《论“定县主义”》，孙晓村的《中国乡村建设运动的估计》，费孝通的《评晏阳初〈开发民力建设乡村〉》等。

## 秉笔直书，实事求是

晏阳初与许多中国近代意识形态方面的代表人物一样，评价他们的思想是一件比较复杂、比较困难的工作。他们生活的那个年代，传统社会迅速地解体，政治斗争异常激烈，新旧观念的错综复杂，使他们的思想经常处在动荡、变化和不平衡的状态中。就某一个体来说，其思想或行为的这一部分可能已经十分开通十分进步了，而另一方面或另一部分却可能仍十分保守十分落后。其政治思想可能是先进的，世界观却可能是唯心主义的；其文化思想可能是资产阶级的，而政治主张却也能依旧是封建主义的。面对这种复杂矛盾的情况，采用形而上学的贴政治标签的简单办法，是绝对难以对历史人物作出客观、公正、科学的评价的。

斯人远矣。对于历史上客观存在着、存在过的事实，我们哪里又会忘记“一切历史都是当代史”[2]呢？秉笔直书，实事求是，意在绉绎出益于当今、益于来世的东西，就有可能达到那个不止会砸缸、还会研究历史的司马光所倡导的“历史哲学”——“鉴于往事，有资于治道”。

---

[1] 千家驹：《中国农村建设之路何在》，《申报月刊》第3卷第10号，1934年8月。

[2] 意大利新黑格尔主义的主要代表贝奈戴托·克罗齐的名言。

## 捡起来，正当时

乡村问题不是晏阳初一个人的问题。它过去不是，现在也不是，将来有可能更不是晏阳初一个人的事情。它过去是，现在还是，将来有可能更是中国社会的一个大问题。

晏阳初也许在当时把乡村平民问题提到了一个较高的位置，并倾注了极大的热情和极深的感情，这是历史的事实，并逐渐为世人所周知。他是怀着“宗教家的精神”对待农民和农村，尤其是平民教育问题。但这都成为了过去，所以要历史地看待这个问题——我们仅需从这一历史那里寻找富含营养的东西，那就是乡村问题并没有因为晏阳初的逝去而逝去。但以晏阳初为代表的乡村建设运动把这一问题做成一门显学，这是值得关注的。

乡村问题的重要性，除了历史上的民本思想给予了它深厚历史的渊源，还有就是一种纯然的信仰。人们倾向于对中国历史的基础进行不断地回放，像放电影那样，从中找到社会发展的灵感。城市的问题也许由于太复杂了，无论是研究者还是操作者，都有可能感觉好像被无尽的资料淹没了一样；乡村社会现象头绪的简单性，可以让研究者很快地、很简单地把握中国问题的脉络。各家各派都可以在这一简单的现象下操作、辩论和选取自己的所需。

在对晏阳初的批判中，有学者是下了工夫去思考的，也是把乡村问题真正作为现实的问题来思考的。费孝通先生在1948年认为：“晏先生在农村工作上有他的贡献，但是过去30年的历史却表明定县路线并没有解决农村问题。在我看来，定县实验的最大缺点就在不从社会制度上去谋改革。”[1]其实，晏先生的贡献更多的是把乡村问题植入了国人的视野，让它成为一股社会力量。时至今日，仍然有相当多的学者和实干家，奋斗在乡村建设的第一线和第二线。晏先生以宗教家的极大热情，让关注乡村的火，到今天还没有熄灭。至于找到什么样的道路、诊断得对不对，那都是历史的争论了。

费孝通认为，晏阳初没有从过去的试验中认识到他四大教育的技术性，“终于牵入了政治性的漩涡。归根我不能不觉得他对中国农村问题的诊断缺乏真正的信念。他还是30年前的晏先生，一个把中国问题看成是单纯教育问题的晏先生”。[2]这无疑是正确的。后来，赵旭东教授进一步详尽研究了乡村建设的社会背景。但赵旭东更多是为了突出与晏阳初同时代的另外一种对乡村问题的探索模式——社会人类学的乡村研究模式，所以，他可能把本已十分清楚的问题复杂化了。在“学院派：成为问题的中国乡村研究”一节中，他说：“难道在这个过程中就没有其他的探索中国乡村社会发展的道路吗？显然是有的，那就是社会学或者广义的社会人类学对中国乡村的研究。”[3]

其实，赵旭东的老师费孝通已经把这个问题看得十分透彻了。费孝通直陈晏先生是教育技术家。他说：“他的贡献是偏重在教育的技术，尤其是文字教育的技术。”[4]费孝通后面的话更有道理，也更有前瞻性。他说：“晏先生的乡建工作是技术性的，当中国社会矛盾的死结解开了，他现在所提倡的四项工作，知识、生产、健康、组织都是十分重要的。这些是开发民力所需

[1] 费孝通：《费孝通文集》（第5卷），群言出版社1999年版，第508页。
[2] 费孝通：《费孝通文集》（第5卷），群言出版社1999年版，第504页。
[3] 赵旭东：《乡村成为问题与成为问题的中国乡村研究——围绕“晏阳初模式”的知识社会学反思》，《中国社会科学》2008年第3期。
[4] 费孝通：《费孝通文集》（第5卷），群言出版社1999年版，第505页。

要的技术。”[1]

如果我们承认，通过暴风骤雨式的革命，时至今日，当时各方学者所争论的“中国的社会矛盾的死结”已然完全解开了，那么，当年被丢掉的晏阳初的技术，或者他的思路，应该被以或者隐蔽、或者公开的方式捡起来。他那种注重实践的、饱含宗教家精神的、无论环境如何都坚持不懈的工作精神，或者甚至被认为是等而下之的“教育技术性”工作，无疑对中国今天开发民力、建设乡村十分重要。当学者普遍认为的土地问题解决了之后，无疑还会回到晏阳初所提倡的、看似技术性的路线。毕竟，满怀宗教精神的教育家已经很少了。我们也需要这种义无反顾的坚持。

有人经常和晏阳初家族的后人开玩笑说：“不要老是把晏阳初的牌子举起，他的专业没学好，他要是把他的老本行学好了，也不至于那么笨，连政治圈套都没有看出来。他没有把耶鲁的政治学学到家。”当然，也有可能是，他在耶鲁学到的政治课程在中国不管用。但他太坚持了。

也有可能是，晏阳初不是那种等待环境变好之后再开展工作的人。一方面，无论如何，世界总有那么些许不令人满意的地方。另一方面，世界上僭越上帝说“应该”的人太多了[2]，而殊少增进上帝荣光的行动。晏阳初作为一个虔诚的基督教徒，不敢僭越，而唯有老老实实地干活，“起而行”，而且下决心干好。

---

[1] 费孝通：《费孝通文集》（第5卷），群言出版社1999年版，第510页。

[2]《圣经·创世纪》中，上帝说话时常用“Let”，表示命令。它在概念上，作“应该”、“应然”解，是西方伦理学、道德哲学的重要概念。例如：And God said, let there be light and there was light.（上帝说，应该有光，于是就有了光。）“应该有什么，就有什么”的神奇世界，在学界看来，只有在上帝天国那里存在，而不在人间。

# 学术与情感

## 1. 值得重视的学术问题

在中国，晏阳初不仅被当做教育领域的人物，而且还赢得了社会学领域的重视和尊重。目前，关于晏阳初平民教育的整套技术和方法虽然已经得到了必要的挖掘和发展，但仍有进一步研究的必要。广大的教育工作者，已经认识到了晏阳初教育理论所具有的实践性和科学性，领悟到他所进行的中国教育现代化和本土化的工作，以及使中国农村汇入现代文明所进行的可贵探索。他将经院式的教育科学与社会科学研究，转化为实地的改造生活的综合性研究。并且，他还将中国的平民教育与乡村建设经验推向世界，促进了中外文化的交流。

然而，他自成体系的平民教育和乡村改造理论、对传统民本思想的新发展、把教育看成整体改造的一个有机组成部分的思想，等等，目前都不是普通老百姓能一目了然的，往往仅仅停留在专家学者的眼中、脑中和书中。这又告诉我们，还有继续研究和发扬的空间。

面对现实的社会，应该做的工作很多。重要的是，汲取晏阳初思想和理论的精髓，以应用于当前的实际，而不是简单的考古和文献考据。重要的是，更多的思想者和行动者愿意往与晏阳初类似的大师们所开启的道路上，垒筑更丰富和鲜活的经验，而不是低水平重复、高价位摆摊设点。重要的是，亲属、学生和信徒不汲汲于晏阳初当年的荣名，不在圣贤之间争短较长，不把晏阳初视为小圈子、小群体的“教主”和“财神”。

晏阳初既然被称为世界公民，既然许下“平天下”的宏愿，既然立下“不做官、不发财”的重誓并一生坚持，那么，对身后事，当勘破即勘破，当了却即了却。尊重逝者，理解斯人。

### 2. 更值得重视的情感问题

“年寿有时而尽，荣乐止乎其身。”在有限的人生之内，个人所从事的实际工作，不过是解决当时的社会环境所提出的社会问题。随着社会环境的改变，每一代人面临的社会问题会有所不同。但是，在事业中所体现的人的精神，则借文章而成不朽。留一分中立，留一分感情；两篇小文，一份谦逊。

第一篇：《九大信条》。时晏阳初行年八十有七，仍然坚持不懈地在乡间从事工作。总结其一生工作原则，手书于卷轴，其词曰：

民为邦本，本固邦宁；
深入民间，认识问题，研究问题，协助平民解决问题；
与平民打成一片；
向平民学习；
与平民共同商讨乡建工作；
不持成见，当因时因地因人制宜；
不迁就社会，应改造社会；
乡建是方法，发扬平民潜伏力，使他们能自力更生是目的；
言必行，行必果。

第二篇：《九十自述》。“过去、现在、将来，都在火种里结而为一。”火种来自哪里？晏阳初说，来自远古和近世的“三C”。比较具体来说，就是来自中国远古的传统儒家的民本思想，来自近代西方的基督教精神，尤其是姚牧师和史文轩等人的实际行动，和来自四海的民间疾苦和智能。

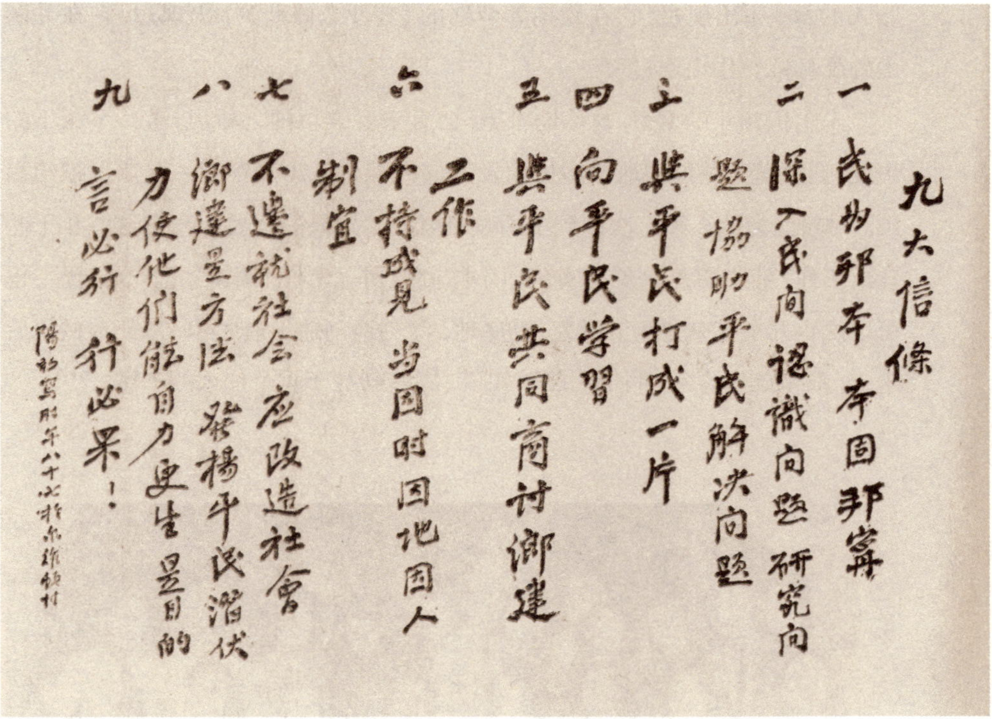

晏阳初手书乡村改造“九大信条”。

“三C”仅仅说明了晏阳初事业的源泉。让“三C”的火种自在地燃放的，是晏阳初的忍耐、坚持和感恩。晏阳初很早就许下诺言：“不做官，不发财，把我的终身献给劳苦的大众。”观其一生，信然。

### 3. 希有来者继其风

弥留之际，百岁老人谦逊地说：“过去的70余年只是为未来的工作做准备，我的工作刚刚开始……”

晏阳初借《火种的故事》，诉说了人类历史上延绵不绝的基本信念。它在燧人的木头下出现过，它在埃斯库罗斯的《普罗米修斯》中出现过，它在井冈山的茂林修竹中出现过……

先生积70年的努力，自信地希望，会有来者继承国之雄风，光大平天下的事业。他愿意、并迫切地希望把他及其同人探索了70多年的一点知识献给祖国。问起他为什么第二次回到中国时，他说："如果诸公要问我们这些年干些什么工作，我们答复是努力实现'固本'的工作。怎样'固本'是个大问题，也可以说这几十年就是为了研究，彻底地、深刻地创造一套学术，以便传授给后来人，后来这些青年，叫他们能够知道，能够献身于这个伟大的工作。"[1]

1950年，晏阳初全家及亲友在美国合影。

[1] 宋恩荣主编：《晏阳初全集》（第2卷），湖南教育出版社1992年版，第489页。

# 编后余谈

1988年，本书作者宋恩荣（左一）在马尼拉访问晏阳初，右一是国际乡村改造学院副院长颜彬生女士。

在过去的30年中，平民教育和乡村建设是我研究工作的主要内容之一。曾经当面访谈并追踪研究的晏阳初、梁漱溟两位元老已经作古。其他接受过访谈的平教和乡建的第一代参与者李景汉、陈志潜、雷洁琼、胡絜青、堵述初、袁伯樵、李世材、魏永清、任宝祥等前辈也先后逝去。他们的后人、学生辈人士也有不少人相继离去。笔者本人介入这一领域时不过四十几岁，如今也年届古稀。人事更迭，继往开来，研究工作正需要年轻一代的接续。

本书合作者是年轻学者杨华军，他是四川省晏阳初研究会的副秘书长，对晏阳初这一人物比较熟悉。经联系商定，先由我提供一篇5万字的在国内尚未刊发的电子版旧稿《晏阳初传》，由华军执笔在此基础上补充扩写，以达到出版社要求的10万字。书稿写作过程中，我们曾多次通过电子邮件往返互传草稿，交换意见，华军都不厌其烦地进行修改。他年轻有为、精力旺盛、思想活跃又虚心好学，文字功夫也不错，几个月时间就顺利地完成了任务。

图片部分则由我来承担，过去20多年来搜集到相当丰富的有关照片。这些照片分别来自晏阳初家人、国际乡村改造学院菲律宾校本部和美国总部办公室、原中国乡村建设学院校友、四川省巴中市晏阳初展馆等。特别是1999年9月，美国社会学家、摄影家甘博“‘五四前后的中国’摄影展”来北京展出。在开幕式上见到了甘博的女儿凯瑟琳·甘博、科伦女士和“甘博中国研究基金会”的其他负责人。他们提供了当年定县实验时期的大量极为珍贵的历史照片。

最近几个月来，我们为这本画传历经了筛选、翻拍、扫描、辨认、查阅有关文字资料进行考证、注释、请人翻译说明文字直至为每幅照片做注等一系列过程，最终确定选取了一百多幅。可以肯定地说，这是迄今为止所有关于晏阳初和平教会的出版物中收入图片最为丰富的一次，相信对一般读者和有关研究者能够提供客观真切的图像资料。

毫无疑问，晏阳初是20世纪最具国际影响的中国教育家和社会改革家。早在1943年他就和爱因斯坦等人一起被评选为“现代世界最具革命性贡献的十大伟人”，被海外称颂为“世界平民教育之父”。2000年，在千年转换世纪更迭之际，中央电视台编录播放了一部大型文献纪录片“百年人物”，选取了过去100年中影响深巨的30个人物予以介绍。教育家只有蔡元培和晏阳初入选其中。尽管如此，由于历史的原因，“晏阳初”这个名字长期以来被避讳与忘却，至今仍无法被更多人所认识。但愿《晏阳初画传》的出版，能为大众了解这一“世纪伟人”有所帮助。

最后，特向为“晏阳初研究”提供过历史图片的各方人士，以及帮助辨认照片、翻译说明文字的堵德健、李真、赵德强等各位老师表示感谢。

宋恩荣

2011年于北京

# 小作者的心路

呈现在读者诸君面前的《晏阳初画传》，与晏老一生的风雨相比，可能显得有些单薄，或者过于简略。然就作者而言，每一个提笔勾勒的夜晚，都享受着洗礼心灵的盛宴。此前虽然涉猎乡村建设和平民教育多年，然作为一个年轻的晏门信徒，仍感到自己过去之所学，不过皮毛而已、滴水而已。因为，如果从1918年算起，晏先生的活动几乎与整个近现代中国的历史相吻合。重大的历史事件，几乎都有晏阳初及其同人的影子。对此，如果以宏大叙事展开其人生画卷，丝毫不会显得牵强。

不过，宏大叙事往往是中年学者所可能胜任的事情，对我等后学“小盆友”而言，是搬不动这块大石头的。学历不够、阅历不够、财力不够、物力也不够，故也。所以，在参与写作的过程中，我十分担心，呈现给大家的这本从小处着手的小文，读者可能不满意，晏老的学生、亲属和信徒也可能不满意。宏大叙事，毕竟是学者的一个梦想。当我做着痴梦的时候，多亏“从心所欲而不逾矩”的宋恩荣老师多方指点，我才避免了去扛自己扛不动的石头。宋老师指点我到北京大学图书馆、国家图书馆等地去查阅资料，阅读了足够的文献之后，再多次讨论布局和叙事方式的问题。他说，没有必要一定用宏大叙事的方式，作传需要有作传的感觉。基本技能和基本资料掌握之后，一气呵成，而不用管它是宏大还是微小。乍一听，我感觉好像是金庸大侠在吹独孤九剑。当然，如果硬要用史传的专门术语来说，章学诚的“史意”概念庶几可以概括之。随着阅读的深入，聪明的读者您会发现，即使搬得动宏大叙事这块大石头的老年成名学者也不一定去搬。其实，那也不是什么奇哉怪也的事情，因为老专家们去搬的，不是石头，而是金子。至于公正地说，在看待宏大叙事这个问题上，“小盆友”学者是搬不动，“大盆友”学者是不屑于去搬，而中年学者“盆友”们为了学术理想去搬，那也无可厚非。因为人类社会需要中年人来做一个梦、一个美丽的梦。

宏观抽象地说，晏阳初在本质上是一个社会的改革者，他强调整体推进的逻辑，而不是细枝末节的改变。在教育方面，他的“功夫在诗外”。在中国传统极其重视“言传”之外，他尤其突出了“身教”。然而，我更喜欢他用文字表述出来的一些具体行为。在他的几大卷文集中，我们看不到只言片语的抽象说教，全部是触手可及的工作笔记和工作方案。他认真坚持了他所积极参与和领导的乡村工作讨论会的基本宗旨：

本会成立及邹平之集会，有三要点：一、本会无组织，无会章，仅有值年二人，司集会筹备事宜，及编辑每年大会之工作报告。二、凡加入本会为会员者，必须先有工作，后有入会可能；换言之，即须以极实际之工作成绩，为入会之唯一条件。三、本会重实际，不尚虚谈，故集会时，仅许报告工作，不谈理论与计划。即或有谈及理论与计划者，亦不过从实际经验所得感想或势在必行之工作方案而已。

作为一个后生与晚辈，对晏阳初的工作、作品以及影响，了解越深，则越不敢贸然下笔。每写一字，都觉得十分沉甸。生怕在“史实”之外的“史意”上发挥过多，进而沦为一种谈玄、一种无病呻吟、一种对过去光荣岁月的回忆……

因种种原因，晏阳初的事、言、文、物，在中国大陆已经淹没太半，及至民间官方对晏阳初的评说，又颇为复杂。故收集资料、打磨成文，亦非吾一二人一年半载所能胜任。为防止离题万里，每写一段，或者涉及需要评述的地方，不仅要认真查核资料，还要广泛与晏阳初的亲属、学生和思想的受众讨论，多方取证。删除了一些虽然合乎史实记录，然而孤证单行的地方；调整了虽然经过细思之后是实情，然而太过离奇的描述。力图还原一个真实的、鲜活的、有现实意义的晏阳初。所以，每写一章，都颇为缓慢，颇感踯躅。

草成一书，幸赖各方的鼎力支持和无私帮助。晏老的家属、学生和晏老思想的践行者们，对本书寄予了殷切的期望，提供了各种帮助。

前辈与同人，愿意支持一个黄口小子，参与本书的操刀捉笔，吾属深感责任重大。在教育学和教育史上辛勤耕耘几十载的宋恩荣老师，一见对晏老事业传承稍有可取的年轻人，即行提携，栽培有加。宋老师几十年来培养和支持过的该领域研究者不计其数，我不过是其中之一。非晏老至为深远的影响和可风的道德，恐难成其事。在晏阳初思想的研究和践行上，宋老师做到了“去私”。

我们得到了晏老亲戚的支持。晏复茵、钱铃夫妇二老，忆往昔，看今朝，提供了许多可资参考的图文资料，口述了晏老在定县的一些故事。钱老更以老局长、老编审的眼光，提点修正了多处不太准确的说法。太玄公之子、陈筑山之婿周孟璞教授，八十有八，仍口述了当年定县实验的科普工作是如何开展的、科学教育是如何深入人心的。2010年清明节当天，我们一行到晏阳初的家乡——巴中，拜祭老先生的陵墓，重走老先生求学之路。鸿国老师开馆相迎，无私提供珍贵资料，一行人等吃住皆在他家。

晏老的学生，多方提供人、事、物的协助。詹一之、李国音、陶维全、何锦沐、曾庆权、刘学鉴、朱连芳、蒋旭升、刘孝仲、宋代元、康廷芳、王屏汉等诸位寓居西南的乡建老校友，苦力支撑，宣传乡村建设思想、筹建乡村建设学院校史研究会、运行晏阳初研究会，并积极组建、指导四川省社会科学院晏阳初研究室。他们把握方向、寻找资源、物色人才，多年来坚持不懈。万冈、李真、魏守仪、赵德强诸位寓居京师的乡建校友，多年来张罗努力，提携培养后进，提供了无私的帮助。诸位读者上帝，试想，无论阅读的广度和思考的深度如何，我终究不过是一个20多岁的小伙子，既没有见过晏老，也没有到过国际乡村改造学院，仅靠阅读和思考，显然是无法把晏老一生的言传身教经历写得鲜活的。怎么办？各位身受晏老耳提面命的弟子，再以其言传口述于我，再以其身教感染于我。“我要做的事，不过是伸手去收割旁人已经替我播种下的庄稼而已。”歌德这句话，用在我身上再恰当不过。

各位乡建老校友，皆为八十有奇的老人，在他们安享晚年之余，幸喜可以看到晏老和他们自己当年创下的事业仍在继续，想来也算欣慰。别的不说，当年乡建院农业和水利系师生自己设计修建的大磨滩水电站，将近70年之后，今天仍然正常运转，造福一方百姓。2009年至2010年的寒冬腊月，吾等一行至北碚歇马场考察两趟，普通民众并未忘记当年的中国乡村建设学院，更没有忘记晏老和“民生之魂”卢作孚卢老先生，这尤其令我们感怀。如果这本画传是一种纪念活动，那不过也是为了“民德归厚”而采取的“慎终追远”的手段而已……

围绕晏老的事业，多年来一直活跃着一群默默奉献、不求回报的研究者和实干家。晏阳初研究会在极其艰难的情况下坚持运行，薪火不断。姜荣耀老秘书长每年到民政厅年检，总是骑着他那辆古旧的“28飞鸽”，舍不得花钱乘公交车；现任会长扈远仁部长多方奔走协调、据理力争、团结同人，提升了晏阳初研究会的品牌；法人代表、常务副会长唐志成校长发挥优势，强化了晏阳初研究会的基础……大家围绕着晏老的事业，踏着他的足迹，比赛的不是能力，而是奉献精神；不是回报，而是付出。

当代中国，晏阳初受到各个年龄层次、各种经历的人的研究和思考，本书在很大程度上是他们之所思、所想、所行。我们在写作过程中，在向王思斌教授、郭虹研究员、陈可培教授等的当面请教中，领会了志愿者、社会工作等当前时髦的领域与晏阳初的渊源关系；在与吴嘉华老师的彻夜长谈、精诚共事中，打通了晏阳初研究的一些疑惑和关节；在与胡尚峰、王小丁、赖长春、魏开明、龚学文、邱建生等仁兄的砥砺问学中，领悟了晏阳初在年轻人中的影响；在观察毛启荣先生、李琼莲校长、唐乙裴校长等的实践中，坚定了晏阳初的事业将不会只停留在学术和思想上的信心。

晏阳初的事业，不是历史，此书亦不过是我们继续前进的契机。继承晏老事业，践行晏老精神，现在，很多事情正在落实，未来，还有很多事情需要落实……

时辛卯年正月三十。岁值黄道吉日，诸事可行。九九已尽，冬去春来花草稠。耕牛于此时下地，祝福中国大丰收。

**杨华军**

**2011年于四川大学**

# 把教育办得更好

## （代跋）

储朝晖

提倡教育家办学是提升中国教育品质的必由路径，令人遗憾的是，近三十年对教育的实地调查使我深感无论是在教育业内还是整个社会，对教育家的认识都是极度模糊的。

在我心存为解决这一问题做点什么的愿望时，四川教育出版社前任社长安庆国先生说他一直想出版一套《20世纪中国教育家画传》丛书而未能如愿。于是，我们决定合力将这件事做好，以期对传承、传播教育家的办学理念，促进教育家办学有所裨益。这便是这套丛书编写和出版的缘起。

在丛书编写和与各卷作者交流的过程中我体会到，一个时代是否有教育家是与两个方面相关的：一是这个时代是否需要教育家；二是这个时代是否具有产生教育家的环境。可以说任何时代都有具有教育家潜能和品质的人，但只有独立思考，并能依据其独立思考自主实行教育教学的人，才能成为教育家。因此，凡是学人能够自主的时代，出现教育家的概率就高；而在学人不能自主的时代，就不会出现教育家。如果真的期望教育家出现，就要创造教师能够自主教学，学生能够自主学习，校长能够自主办学的社会与制度环境，否则就不可能出现真正的教育家，也不可能培养出杰出人才。

教育家的认定最可靠的方式是社会认同，获得较高社会认同的教育从业者，能被社会高度认同为教育家的人就是教育家。当今尚不存在哪个专家或某个机构具有确认教育家的资质。限于条件，这套丛书还不能对所选传主通过全民投票的方式来确定，但所选的十位传主确是经过教育史专业的学者海选而产生的，他们选出了王国维、蔡元培、陶行知、张伯苓、胡适、梅贻琦、黄炎培、徐特立、陈鹤琴、晏阳初，在20世纪中国教育史上，他们发挥的教育家作用是毋庸置疑的。令我们感到惊诧的是，他们在那个年代就已经相互认识，大都有过直接交往，其中一些人之间还是挚友，这应是志同道合使然。

除了外部认同，教育家必备的内部品质有三种：一是博爱之心，执著地爱学生、爱教育工作、爱人类未来的发展；二是独立思考和不懈求新，教育已经是数千年的专业工作，不能独立思考和创新的人是难以成为教育家的；三是有从事教育工作的专业潜质，能敏锐地发现教育问题，并以独特的思考和行为解决问题。有了这三种品质，在外部条件许可的情况下就会产生诸如教育思想、办学业绩、论著等结果。

是否称得上教育家，最根本的是看他是否教人做人，能否依据学生不同的潜能、个性和志向培养出值得他自己崇拜的人。一个人的学业成绩仅仅是他成长发展的一个方面，学业成绩高并不一定就发展得好，教出考试成绩高的学生也不是教师成为教育家的垫脚石。近三十年来有不少学生得了各类国际奥林匹克奖，却未能成长为相应领域真正的专家。陶行知主张办知情意合一的教育，有一段很有针对性的话："知情意三者并非从割裂的训练中可以获取。书本教育也许可以使儿童迅速地获得许多知识，神经质的教师也许可以使儿童迅速获得丰富的感情，专制的训练也许可以使一个人获得独断的意志，但我们何所取于这样的知识，何所取于这样的感情，何所取于这样的意志？知情意的教育是整个的，统一的。知的教育不是灌输儿童死的知识，而是同时引起儿童的社会兴趣与行动的意志。感情教育不是培养儿童脆弱的感情，而是调节并启发儿童应有的感情，主要的是追求真理的感情；在感情之调节与启发中使儿童了解其意义与方法，便同时是知的教育；使养成追求真理的感情并能努力与奉行，便同时是意志教育。意志教育不是发扬个人盲目的意志，而是培养合于社会及历史发展的意志。合理的意志之培养和正确的知识教育不能分开，坚强的意志之获得和一定情况下的情绪激发与冷淡无从割裂。现在我们要求在统一的教育中培养儿童的知情意，启发其自觉，使其人格获得完备的发展。”坦率地说，现在不少学校的学生成绩就是以割裂的方式获取的，这样的学校教育就不能说是真正在教育人，也不可能造就出教育家。如果不能走出这个误区，教育家的出现就永远只能是梦想，教育家办学就只会蹈空。

中外历史上所有教育家的人生旅程都是历经波折、艰难求索的过程。他们虽然没有自称是教育家，却都在青年时期就有高远的志向，如孔子“十有五而志于学”、陶行知“要让每个中国人都受到教育”，都是普通而又高远的追求。为了实现人生目标，他们不畏权势、不为名利，“捧着一颗心来，不带半根草去”，贫贱不移、富贵不淫、威武不屈、美人不动。教育家的出现首先需要有尊道抑势、以人类发展进步为己任的大胸怀，需要终生不辍的求索和行动。

教育家群体的出现需要有适宜的制度与社会环境，要让有教育家天赋的人敢想、敢干，能想、能干，这种社会条件往往不是一个人、一个机构、一个政策所能创造的。从现实状况看，教师的自主性和创造性未能得到充分发挥确是现有教育管理体制的缺陷，而改变现有体制使更多的人能遵循教育内在规律更高效地工作，就是应该尽快解决的实际问题。

这套丛书突出传主的教育思想、办学理念、办学实践，尤其凸显传主的教育家精神，希望真正激励一批有志教育的人成为教育家，切实有效地推动中国的教育家办学进程。

这一想法的实施是一项艰巨的任务。黄延复先生因与我都有弘扬大学精神的共同心愿而成为忘年之交，在《梅贻琦画传》的写作过程中，我俩仅打过几次电话，便能对对方的想法灵犀相通。在他的指导下，青年学者钟秀斌领悟得很到位，花一年多时间完成了《梅贻琦画传》书稿。年近八旬的戴永增先生，二十多年如一日地进行徐特立研究，我俩因此而成为无话不说的老朋友。说起徐特立，他就像做专题报道，滔滔不绝、如数家珍。为了《徐特立画传》的编写，他亲自找到北京理工大学郭大成书记，要求将这一工作列为该校的一个科研项目；同时他再三鼓励、全力帮助以靳贵珍老师为主的青年学者写作，提携后辈不遗余力。当书稿完成后他在电话中明确坚定地告诉我自己不署名。同样，华东师范大学中国史学研究所房鑫亮教授对《王国维画传》的写作给予大力支持，一开始就明确表示愿意以《王国维全集》的编辑工作为基础，指导徐旭晟博士完成书稿，但自己坚决不署名。这本身就是本套丛书所追求的精神境界之一。

对本套丛书给予直接帮助的个人和团体还有：中国人民大学教授程方平，中国教育研究院徐卫红、夏晖映，北京师范大学教授顾明远、孙邦华，北京理工大学教育研究院，在此一并致谢。此外，由于本套丛书参考的文献浩繁，标注的引文及参考文献或属挂一漏万，对于这种情况，我们在此一并致歉并致谢！

在本套丛书即将出版之际，真诚感谢对各位传主研究有素的专家乐意担任各分册作者。在这个作者队伍当中，既有与我交往数十年的老朋友，也有为完成这次任务而结识的新朋友。在编写和出版这套丛书的基本理念上，我们在认识上高度一致，在情感上高度愉悦，遇到各种困难能够设法克服，较好地保证了这套丛书的内容深度和质量。在此，尤其要感谢前辈学者黄延复、宋恩荣、梁吉生、戴永增、金林祥诸位先生，他们有人和我交谈时说这次的写作是绝笔之作，更令我肃然起敬且感到难以担当，但愿我们的真诚能有助于读者更好地领会各位教育家的精神真谛，碰撞出当今社会更多的真诚，把教育办得更好。

四川教育出版社现任社长雷华、总编辑胡宇红、副社长李晓翔和王积跃对整套书的出版给予了大力支持；张纪亮主任和各位责任编辑为丛书出版花费了大量精力；同时我的爱人胡翠红做了大量资料查阅、梳理工作。在此一并致以诚挚的谢意！

尽管本人及各位作者在写作时尽了最大努力，但丛书的缺点和不足在所难免，恳请方家和读者批评指正，所提意见可直接发到我的邮箱：chu.zhaohui@163.com，在此先致谢忱。

2012年3月28日